AF286052

Jörg Sczepek

PhotoFührer USA Zentralkalifornien

PhotoFührer USA Zentralkalifornien

TEXT UND PHOTOGRAPHIEN
VON JÖRG SCZEPEK

PhotoFührer
Publikationen

Manche der in diesem Buch beschriebenen Örtlichkeiten erfordern die Anreise durch abgeschiedene Gegenden. Die dabei zu bewältigenden Wege können schwierig oder gefährlich sein. Dies unternehmen Sie auf eigene Gefahr und daher sollten Sie sich vor Antritt des Weges immer vor Ort nach den Bedingungen erkundigen. Als Autor kann ich für etwaige Verletzungen oder Unglücke, die Sie erleiden wenn Sie den Angaben in diesem Buch folgen, keine Haftung übernehmen. Alle Informationen sind sorgfältig geprüft worden. Für Vollständigkeit und Richtigkeit kann jedoch keine Haftung übernommen werden. Darüber können die Informationen in diesem Buch überholt sein können, wenn Sie es lesen.

Das Titelbild zeigt Die Formationen der „tanzenden Götter" (Yei Bi Chei) im Hintergrund des Dünenfeldes im Monument Valley Navajo Tribal Park. Die Abbildungen auf der hinteren Umschlagseite zeigen den Grand Canyon vom Yaki Point (oben), die Neonfigur „Vegas Viccy" an der Fremont Street in Las Vegas (rechts) und einen Ausschnitt der Karte des Canyon de Chelly National Monuments.

Bibliografische Information der Deutschen Nationalbibliothek
Die Deutsche Nationalbibliothek verzeichnet diese Publikation in der Deutschen Nationalbibliografie; detaillierte bibliografische Daten sind im Internet über dnb. dnb.de abrufbar.
Die automatisierte Analyse des Werkes, um daraus Informationen insbesondere über Muster, Trends und Korrelationen gemäß §44b UrhG („Text und Data Mining") zu gewinnen, ist untersagt.

Verlag: BoD • Books on Demand GmbH, In de Tarpen 42,
22848 Norderstedt
Druck: Libri Plureos GmbH, Friedensallee 273, 22763 Hamburg

ISBN: 978-3-7597-6808-7

Inhalt

Das Reisegebiet

„Die Abschaffung der Vergangenheit und die Erhebung der Zukunft zur Realität - das macht Kalifornien zu dem, was früher einmal ganz Amerika gewesen ist: Ein Zufluchtsort, ein utopisches Experiment, ein Ort so wandelbar, dass er sich allen Neuankömmlingen anpasst." So schreibt es der Essayist Pico Lyer und bestärkt damit gerade uns Europäer in der mythischen Vorstellung, die wir seit den Blumenkinderzeiten der 60er und 70er Jahre von dem Staat zwischen der schroffen Sierra Nevada und dem weiten Pazifik entwickelt haben: Es ist kein Land im eigentlichen Sinne, sondern ein geistig-seelischer Zustand. Angesichts des heute herrschenden großen Bevölkerungsdrucks und der vor allem im südlichen Teil ausufernden Industrialisierung mag es dem Reisenden schwer fallen, diesen Ansatz sofort nachzuvollziehen. Aber Kalifornien ist weit mehr, als es die Wirtschaftszentren an der Küste und im Great Central Valley glauben machen wollen. Die im Folgenden beschriebene Route zeigt von der Wüste an der Grenze zu Nevada über die Einsamkeit des Owens Valley und die unzugängliche Bergwelt der Sierra bis zum pulsierenden Leben an der San Francisco Bay die abwechslungsreichen Facetten dieses Wunderlandes auf. Wer es auf eine solche Art bereist hat, weiß, dass es Lyer's Freiräume der Selbstverwirklichung noch immer gibt.

Beherrschende Landschaftsform Kaliforniens ist die Sierra Nevada. Über eine Länge von 600 km verläuft dieser höchste und längste Gebirgszug der Vereinigten Staaten diagonal von Nord nach Süd durch den Staat. Dabei ist das Land erdgeschichtlich sehr jung. Vor nur 500 Mio. Jahren bedeckte noch ein alter See das ganze Gelände. Die bis heute spürbaren Kräfte der Tektonik wirbelten die sich darin anhäufenden mächtigen Sedimentschichten alsbald kräftig durcheinander und hoben Sie weit über den Wasserspiegel hinaus. Gleichzeitig floß geschmolzenes Gestein aus dem Erdinnern in die sich ergebenden Hohlräume nach, erkaltete und formte den Granitsockel des Gebirges. Schnell trug die Erosion die noch zu oberst liegenden weichen Schichten ab, so dass die folgenden Gletscher den härteren Fels in seine heutige Form schleifen konnten. Und doch nagten ihre immensen Kräfte nur an seiner Oberfläche, denn noch immer teilt die Sierra Kalifornien ob ihrer Höhen von bis zu 4400 m den Staat in zwei landschaftlich und klimatisch ganz unterschiedliche Hälften: An ihre Ostseite brandet die aus Nevada heranschwappende Hochwüste und gibt Raum für so extreme Landschaften wie das Death Valley oder den Mono Lake. Im Westen fällt die Topographie dagegen steil ins Great Central Valley ab. Die es durchquerenden Flüsse, wie Sacramento- oder San Joaquin River, aber auch das über hunderte Kilometer aus den Bergen herangeführte Wasser, verwandeln die flache Schwemmlandebene in einen fruchtbaren grünen Garten. Neben Getreide und Baumwolle gedeihen hier vor allem Wein und Zitrusfrüchte. Weiter im

Westen, quasi schon in Sichtweite des Ozeans, schließt die bis zu 1000 m hohe Coast Range das Tal zum Pazifik hin ab. Dies ist die Gegend der San Andreas-Verwerfung, in der die pazifische- und die amerikanische Erdplatte aufeinander treffen, sich mit gewaltigen Kräften aneinander reiben und die Erde in ihrem ganz eigenen Rhythmus immer wieder erschüttern. – Vielleicht halten aber gerade diese ständige Bewegung und die Angst vor dem „Big One", dem großen Beben, den Staat und seine Gesellschaft so frisch.

Große klimatische Unterschiede waren noch nie gut für das Reisen. Verkürzen sie doch die Saison und engen die Möglichkeiten ein. In dieser Hinsicht ist der Tioga Pass im Yosemite National Park der Dreh- und Angelpunkt Kaliforniens. Mit 3031 m ist er der höchste Straßenpass des Landes und aufgrund des starken Schneefalls von Mitte November bis mindestens Ende Mai geschlossen. Da die Sierra Nevada auf ihrer Länge von nicht so ganz vielen Straßen überquert wird, kann dieser Umstand ziemliche Umwege erforderlich machen. Auf der im wahrsten Sinne des Wortes anderen Seite machen Temperaturen von mehr als 40° C im Death Valley und in der weiter südlich gelegenen Mojave Wüste Besuche während der Sommermonate beinahe unmöglich. Die idealen Reisemonate sind aufgrund dieser Voraussetzungen also Mai/Juni sowie September und Oktober. Das Frühjahr verwöhnt Sie dabei mit der einsetzenden Wildblumenblüte in den mittleren Höhenlagen und dem Wasserüberfluss der Schneeschmelze in den Tälern und Canyons der Sierra. Die Herbstmonate bringen neben den angenehmsten Tagestemperaturen durchaus schon Nachtfröste, die das Laub der Wälder spektakulär-bunt verfärben. Beide Jahreszeiten sorgen für ganz eigene Bildwelten, was die Wahl nicht gerade erleichtert. Wenn Ihr Zeitfenster Sie auf das Frühjahr festlegt, planen Sie Ihre Reise von Osten, vielleicht ab Las Vegas, nach Westen. Im Herbst empfiehlt es sich, diese Reihenfolge umzukehren. So können Sie sicher sein, alle Highlights bei durchgängig gutem Wetter auf einer günstigen Route miteinander verbinden zu können.

Die aktuell größten Herausforderungen sind sicherlich die starke Zunahme sowohl von Einwohner- als auch Besucherzahl, welche sich unglücklicherweise mit reduzierten Niederschlägen paart. Auf die westlichen Bundesstaaten gerechnet muss im Vergleich zu 2000 ein Plus von 15,5 Millionen Menschen mit reduzierten Wassermengen versorgt werden. Verglichen mit 1990 hat die Einwohnerzahl sogar um 25 Millionen zugenommen. Dazu ist die Besucherzahl in den elf größten Schutzgebieten im Südwesten von 26,4 Millionen auf 35,2 Millionen gestiegen. Natürliche und künstliche Reservoirs verändern sich drastisch, weil die Fehlmenge entnommen werden muss. Die besonders bekannten Schutzgebiete haben zum Teil bereits Restriktionen für Besucher eingeführt oder denken darüber nach. Mittelfristig werden sie wohl alle dazu gezwungen sein, um die Parks, in denen Infrastruktur ja nicht beliebig dazu gebaut werden kann, überhaupt zu erhalten. Spontaner Zugang wird nicht mehr immer möglich sein und Reisen sollten mit einem Gespür dafür vorbereitet werden.

Death Valley National Park

- Höhenlagen zwischen −86 m bei Badwater und 3368 m am Telescope Peak
- Im Schnitt 1,2 Millionen Besucher pro Jahr
- Die am stärksten Monate sind November, wenn das '49 Encampment stattfindet und Februar-April

„Das Death Valley ist sehr schwierig zu fotografieren: Es gibt nur wenige offensichtliche Gelegenheiten und eine große Anzahl widerspenstiger Situationen, die die Geduld und das Können des Fotografen auf die Probe stellen. Entgegen der allgemein akzeptierten Meinung, dass sich das Death Valley nur am frühen Morgen oder am späten Nachmittag für Fotos eignet, hat (Edward) Weston bewiesen, dass man auch zur Mittagszeit gute Bilder machen kann. ..."
Ansel Adams, *An Autobiography*

Wie, Wo, Was

Lebten wir lange und langsam genug würde uns jenes Knacken und Krachen, mit dem die Entstehung des heutigen Death Valley vor rund 3 Millionen Jahren begann, wohl noch in den Ohren klingen. Aber der Zeitraum unserer Wahrnehmung ist zu kurz und so äußert sich die Gewalt der Vorgänge im Erdinnern, die Verschiebung der tektonischen Platten gegeneinander, für uns nur in den Ausschlägen der Seismographen.

Der Aufspaltung der Erdkruste in unterschiedlich große Platten haben wir die verschiedensten geologischen Extreme zu verdanken und so liegen die Dinge auch hier an der Grenze zwischen Nevada und Kalifornien. Death Valleys Geschichte ist lang und abwechslungsreich. Geologen lesen in ihr von einem uralten See, von der Verschiebung zweier tektonischer Platten in deren Folge sich das Gelände hob und das Wasser nach Westen abfloss. Sie datieren diese Zeit der aktiven Gebirgsauffaltung in den Zeitraum von vor 250 Millionen Jahren. Im Zuge dieses Prozesses wurde die Erdoberfläche an vielen Stellen dünner, dünn genug um Lava aus dem Erdinnern austreten zu lassen. Das vulkanische Kapitel beginnt vor rund 50 Millionen Jahren und die feuerspeienden Schlote überziehen weite Teile des Landes mit dicken Lava- und Ascheschichten, deren mineralisch-farbige Hinterlassenschaften sich noch heute an Stellen wie der Artists Palette zeigen. Dann folgt eben jener spannende Moment vor nur noch 3 Millionen Jahren in dem sich die tektonischen Prozesse umkehren, in dem sich Verdichtung in Ausdehnung wandelt und der Extremfall Death Valley geboren wird. Von nun an treiben zusammenhängende und unzusammenhängende Teile der Kruste auseinander, zu studieren am Badwater Basin und dem Höhenzug der Panamint Mountains im Westen, die sich als Einheit nach Osten bewegen und im Tal auch heute immer wieder frische Brüche in den Gesteinsschichten entstehen lassen. Dieser Vorgang macht sogar die Wirkung der Erosion

Death Valley NP - Sonnenaufgang über der Panamint Range

wett, die den Talboden unaufhörlich mit losem Material aus den höheren Regionen füllt. Dabei ist Death Valley in seiner Anlage im Prinzip keine ungewöhnliche Landschaftsform im Westen der USA: Zwischen dem Küstengebirge der Sierra Nevada im Westen und dem Colorado Plateau im Osten erheben sich unzählige wellenartige Höhenzüge, durch tellerebene Täler voneinander getrennt. Genauso verhält es sich hier. Allerdings liegt nur dieses Tal nahe genug an einer tektonischen Nahtstelle als das eine Senke entstehen konnte, die mit Badwater (-86 m) den tiefsten Punkt der westlichen Hemisphäre im Schatten des mehr als 3300 m hohen Telescope Peak aufweist.

Diese Extreme machen den landschaftlichen Reiz aus und sorgen für spektakuläre Motive, zum Beispiel die vielfältigen und vielfarbigen Felsformationen, die aus den umgebenden Höhenzügen herauserodiert sind oder die weite Fläche heller Sanddünen. Mehr als 900 Pflanzenarten haben sich an die rauen Lebensbedingungen im Tal angepasst und geben dem Park zusammen mit den vielen, meist nachtaktiven Tierarten, eine ökologische Bedeutung.

Die beste Besuchszeit liegt definitiv zwischen November und März, wenn die Temperaturen nur noch 18° bis 27° C erreichen, während des Sommers können demgegenüber leicht 45° C und mehr angezeigt werden. Das ist dann zu heiß für die floralen Stars des Frühlings, die Namen tragen wie Brown-Eyed Evening-Primrose oder Desert Five-Spot. Kaum

Heiße Hölle am Mittag - Badwater bei 86 m unter normall Null

9

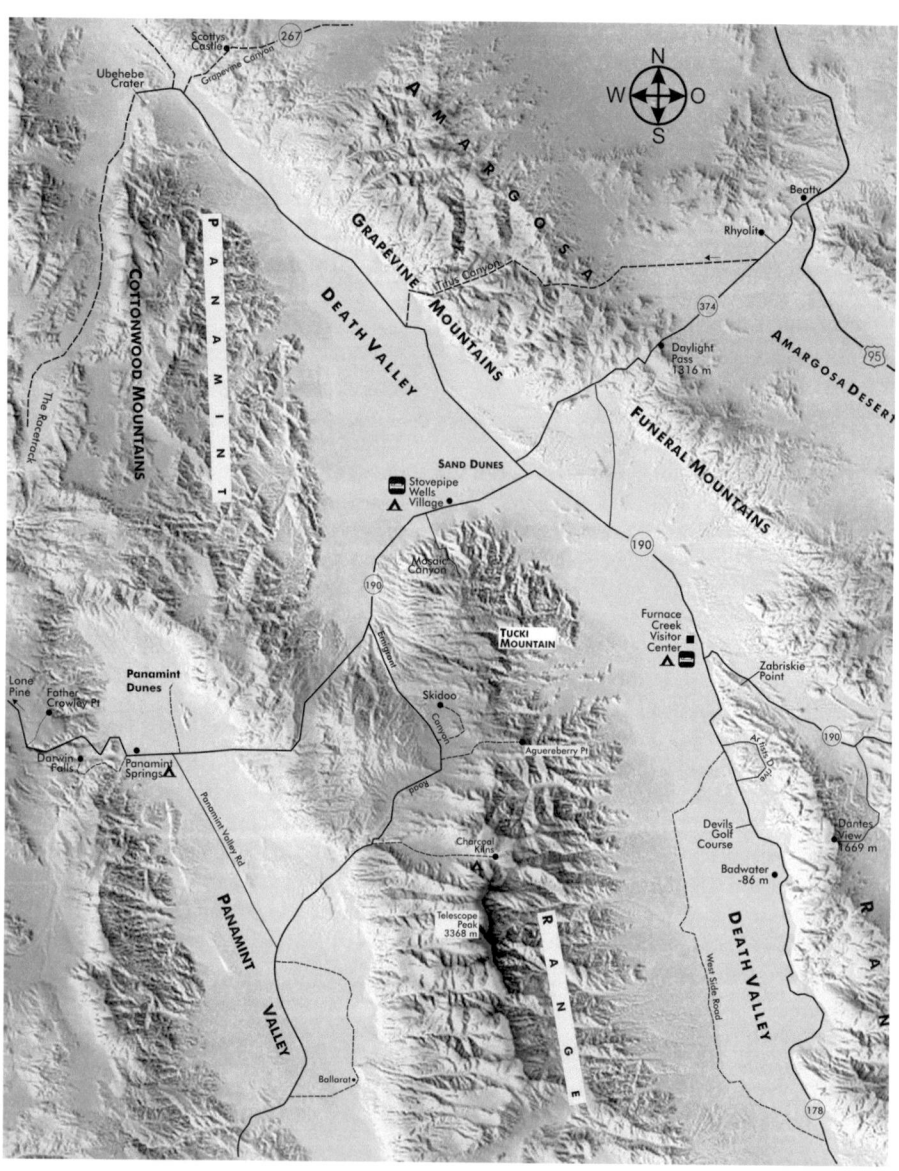

zu glauben, aber auch in dieser Umgebung erobern sich viele Wildblu-
menarten nach regenreichen Wintern mit leuchtenden Farben ihren
Lebensraum. Die Blüte beginnt Mitte bis Ende Februar in den Tallagen
des Death Valley und des Panamint Valley, schreitet im April über die
etwas höher gelegenen Schwemmgebiete (Alluvial Fans) und die Pas-
shöhen fort (vor allem Jubilee- und Daylight Pass sowie die Gegend
um Furnace Creek) und findet ihren Ausklang Anfang Juni in den
600-1200 m hohen Lagen der Panamints (der Telescope Peak Trail ist

ein guter Fundort). Da die Wildblumenblüte aber von vielen Variablen abhängt, sollte der gezielten Anreise aber in jedem Fall ein lokaler Kontakt vorausgehen.

Durch die großen Boraxvorkommen der trocken gefallenen, salzhaltigen Seegründe erlangte Death Valley in der zweiten Hälfte des 19. Jahrhunderts erste Berühmtheit. Auch heute noch ist das weiße Mineral integraler Bestandteil vieler industrieller Prozesse im Bereich Reinigung und Glasherstellung. Die weltweit größten Vorkommen finden sich in Kalifornien und im Südwesten der USA.

Wegweiser

Death Valley National Park ist ein großes Schutzgebiet und das bringt weite Wege mit sich. Von Badwater bis zu Scottys Castle sind es 114 km und auch von Stove Pipe Wells bis zum Visitor Center fährt man beispielsweise schon 40 min. - Eine lange Vorlaufzeit, wenn man es zum Sonnenaufgang zum Zabriskie Point schaffen will. Deshalb tut ein wenig Planung Not: Reisen Sie von Las Vegas aus nach Westen sollten Sie eine Nacht in der Umgebung von Furnace Creek verbringen, um Zabriskie Point, den Golden Canyon und Badwater zu erkunden. Für die zweite Übernachtung auf dem Weg nach Westen bietet sich das Stovepipe Wells Village als Ausgangspunkt für die Sanddünen und den Mosaic Canyon

Devils Golf Couse - Tausend spitze Nadeln aus Salzkristall

an. Bewegen Sie sich nach Osten auf Las Vegas zu kehren Sie diesen Verlauf um. Abseits der Hauptstraßen (Rt-190, Rt-374 & Rt-267) benötigen Sie ein Fahrzeug mit großer Bodenfreiheit oder 4WD zur Fortbewegung. Übernachten können Sie in folgenden Hotels/Motels: Furnace Creek Inn an der Kreuzung Rt-190 & Rt-178, in der Furnace Creek Ranch einen Steinwurf weiter am Visitor Center, im Stovepipe Wells Village an der Rt-190 sowie in Panamint Springs, ebenfalls an der Rt-190, an der Ostgrenze des Parks. Campingplätze gibt es am Besucherzentrum (Texas Spring & Sunset sind von Oktober bis April geöffnet, Furnace Creek steht das ganze Jahr über bereit. Es gibt keine Anschlüsse für Wohnmobile, alle anderen Campingplätze First Come-First Served), in Mesquite Spring nahe Scottys Castle im Norden an der Rt-267 (keine Hook-ups), im Stovepipe Wells Village (Hook-ups) und Panamint Springs (Hook-

Take Care...

Selbstverständlich behalten Sie Ihr Equipment an belebten Orten fest im Griff oder zumindest im Auge, aber bemerken Sie auch immer die vielen kleinen Eindringlinge, die dem Gerät zu schaffen machen? Feuchtigkeit und Sand sind die Feinde, die es zu bekämpfen gilt. Wasser ruiniert die elektrischen Kontakte auf den feinen Leiterplatten und sorgt für Korrosion in der filigranen Mechanik. Sollte das Kind doch einmal in den Brunnen fallen öffnen Sie das Gehäuse sofort vollständig, entfernen alle Batterien und blasen so viel Wasser wie möglich aus. Trocknen Sie danach alle erreichbaren Stellen mit einem sauberen Tuch und halten Sie die Kamera danach so warm wie möglich, um die Feuchtigkeit zu verdunsten. Das Heizungsgebläse eines Autos kann das, auf volle Leistung gestellt, in relativ kurzer Zeit bewerkstelligen. Kondenswasser, das entsteht, wenn das Gehäuse aus einer Kalten in eine warme Umgebung gelangt, wird oft übersehen. Haben Sie also die halbe Nacht bei 0 °C im Freien zugebracht, um Sternenspuren aufzunehmen, und kommen durchgefroren ins gut geheizte Zimmer zurück entfernen Sie Film, Objektiv und Batterien und lassen das Gehäuse offen liegen, damit es gut durchwärmt und die Feuchtigkeit verdampfen kann. Sand kann der Mechanik ebenfalls gefährlich werden. Um ihn draußen zu halten sollten Tasche, Rucksack oder Koffer konsequent geschlossen gehalten werden. Schon ein leichter Wind genügt in den Wüsten des Südwestens, um eine große Menge der winzigen Körner in alle Ritzen zu befördern und in den engen Slot Canyons bemerkt man gar nicht, wieviel von oben herunter rieselt. Der erste Griff sollte nach einem langen Tag im Freien aber nicht dem Reinigungspinsel, sondern der Druckluftflasche gelten. Mit ihr lassen sich die kleinen Partikel wunderbar und schadenfrei wegblasen. - Das Pinselhaar verreibt sie und richtet so oft winzige, aber schlimme Schäden am Verschlußvorhang oder an der Objektivfrontlinse an.

ups). Während des Sommers und auch im September werden Sie kaum Schwierigkeiten haben, ein Zimmer oder einen Stellplatz zu bekommen. Für einen Besuch im Winter sollten Sie sehr früh reservieren. Denken Sie bei jeder Exkursion daran, genug Wasser mitzuführen und gegebenenfalls einen Ranger von Ihrem Vorhaben zu unterrichten, damit Ihnen im Notfall geholfen werden kann. Für alle Fahrzeuge gilt: Ein voller Tank und ein intakter Reservereifen geben in vielen Situationen Sicherheit, ersetzen aber in keinem Fall Vorsicht und Information beim Befahren abseits gelegener Strecken.

Geographische Orientierung und die photogensten Tageszeiten

Death Valley National Park erstreckt sich über rund 210 km Länge parallel zum Grenzverlauf Kalifornien-Nevada von Nordwesten nach Südosten und umfasst neben dem Tal des Todes selbst (zwischen der 2000 m hohen Amargosa Range im Osten und den bis zu 3000 m hohen Panamint Mountains im Westen gelegen) noch eine beachtliche Anzahl Seitentäler und weiterer Höhenzüge. Ihre besten Bilder werden Sie am frühen Morgen und am Abend machen, in der dazwischenliegenden Zeit ist das Licht für die allermeisten Standorte zu unspektakulär. Darüber hinaus können Sie das Schwinden der Fernsicht bei zunehmend höherem Sonnenstand in den tiefen Senken des Death Valley gut beobachten: Je höher die Sonne steigt, um so stärker erwärmt sie die Luftmassen, die dann nach oben steigen und dabei das berüchtigte Flirren der Luft verursachen.

Motive rund um Furnace Creek

Einen Steinwurf nördlich des Visitor Centers können Sie auf einem kurzen Fußweg durch die vom Ende des 19. Jahrhunderts datierenden Ruinen der Harmony Borax Works die Mühen der Boraxgewinnung nachempfinden. Auch eines der vielrädrigen, von 20 Maultieren gezogenen Fuhrwerke jener Zeit steht hier parat.

Hinauf zum 1669 m hohen Dantes View sind es von Furnace Creek 26 mi über die Rt-190 und die Dantes View Road (keine Fahrzeuge länger als 25 ft). Dies ist der höchste auf einer Straße erreichbare Aussichtspunkt über dem Tal und bietet einen spektakulären Blick über beinahe seine ganze Länge und an klaren Tagen können Sie Spitzen der Sierra Nevada im Westen erkennen. Direkt unterhalb, aber außer Sichtweite liegt Badwater. Ein kurzer Wanderweg führt vom nördlichen Ende des Parkplatzes hinauf zur Spitze des Dantes Peak. Der Morgen ist die beste Zeit zum Photographieren, da Sie dann mit der Sonne arbeiten und die Luft rein und klar ist. Aber auch die Gegenlichtsituationen am Abend haben ihren Reiz.

Zabriskie Point liegt 5 mi südlich von Furnace Creek an der Rt-190 und ist durch seine Lage und die umgebende Landschaft für den Sonnenaufgang prädestiniert: Aus erhöhter Position geht der Blick von hier über die vorgelagerten Badlands, jene vom schnell abfließenden Wasser in weiche Formen erodierte Sedimenthügel, weiter auf den hellen Grund des Death Valley und schließlich auf die hohe Wand der Panamint Mountains genau gegenüber im Westen. Und so ist es besonders spektakulär, wenn die aufgehende Sonne zuerst die hohen Gipfel, dann die Bergflanken und den Talgrund und ganz zum Schluss die mit ihren weichen Flanken wie dahingemalt wirkenden Formationen erleuchtet. Helligkeitsunterschiede von 5 Belichtungsstufen sind dann zu dieser Zeit die Regel und können je nach Bildmedium nach der ausgleichenden Wirkung eines Grauverlauffilters verlangen. Auf verschiedenen Wanderwegen gelangen Sie weiter hinunter und mitten hinein in die Badlands. Und auch nach Osten schauen Sie aus erhöhter Position mitten hinein in den Aufgang des roten Sonnenballs. Seien Sie nach Möglichkeit schon 20 min vor Sonnenaufgang hier, um sich einen guten Platz zu sichern und bedenken Sie, dass Sie vom Stovepipe Wells Village 40 min. Fahrtzeit einkalkulieren müssen. 24 mm Brennweite fangen das ganze Panorama ein, ein mittleres Tele verdichtet einzelne Formationen wie Manley Beacon auf der rechten Seite, den die Sonne in einen tiefen Orangeton taucht.

Durch die steil diagonal aufgefalteten Schichtpakete führt ein kurzer Weg durch den Golden Canyon zur Red Cathedral und zum Manley

Oxidierte Mineralien sorgen für die Farben der Artists Palette

Beacon und bietet reichlich Gelegenheit, die überschäumende Formenvielfalt in gestalterischen Zusammenhang mit der umgebenden Landschaft zu bringen. Makros der leuchtend roten oder grünen Einschlüsse im Gestein bieten sich dazu ebenso an wie Weitwinkelaufnahmen mit großer Tiefenschärfe. Durch den Hauptcanyon erreichen Sie nach 1200 m eine Gabelung, deren linker Abzweig Sie zur Formation Red Cathedral führt. Sie verdankt ihre leuchtende Farbe dem hohen Anteil des eingeschlossenen und oxydierten Eisens. Über den rechten Arm gelangen Sie in einer Schleife hinauf zum Zabriskie Point. Zwischen beiden Wegen sehen Sie Manley Beacon in erhöhter Position. Am besten gehen Sie diesen Wanderweg einmal am Vormittag, um ihn zu erkunden und ein weiteres Mal am späten Nachmittag, um die Canyonwände und die Badlands vor dem Zabriskie Point im steilen Abendlicht in purem Gold aufleuchten zu sehen. In der Umgebung des Trailheads 3 mi südlich von Furnace Creek an der Rt-178 finden sich auf der linken Seite noch ähnliche Badland-Formationen, die sich ebenfalls gut für den Sonnenuntergang eignen.

Wenn es ganz still ist, können Sie die feinen Salzkristalle im Devils Golf Course bei ihren Kontraktionsbewegungen am Morgen knacken hören. 12 mi südlich von Furnace Creek befindet sich hier am Grund des Badwater Basin die Salzpfanne des Death Valley. Von unregelmäßigen Überschwemmungen mit Nachschub an verdunstender Feuchtigkeit versorgt, ist hier ein weites Feld enorm großer und doch in der Struktur zerbrechlich kleiner Salz-

Oxidierte Mineralien sorgen für die Farben der Artists Palette kristalle entstanden. Dem hitzefesten Photographen öffnet sich eine faszinierende Makrowelt, die sich mit der großen manipulierbaren Tiefenschärfe eines Weitwinkels aber auch in Zusammenhang mit den umgebenden Höhenzügen stellen lässt. Solide Schuhe und eine Unterlage zum darauf knien sind ein Muß, um zwischen den scharfkantigen Spitzen in gute, niedrige Aufnahmepositi-

Das diffuse Licht nach Sonnenuntergang nimmt den Panamint Dunes die harten Kontraste der Mittagszeit

onen zum kommen. Das altmodische Zubehör eines Winkelsuchers ist ebenfalls hilfreich. Digitalkameras machen ihn mit ihren abklappbaren LCD-Displays überflüssig.

Zum Sonnenaufgang oder gar nicht! Das gilt auch für Badwater genau unterhalb von Dantes View. Jeder lässt sich zwar gern mit dem Holzschild Lowest Point in Western Hemisphäre photographieren, doch liegt der weiße Grund der Salzpfanne 20 mi südlich von Furnace Creek für wirklich reizvolle Bilder denkbar ungünstig: Zu dicht unterhalb der Amargosa Range und zu weit von den Panamints im Westen entfernt. Einzige Ausnahme sind die Tage, an denen sich viel Schmelzwasser aus den höheren Lagen an diesem Tiefpunkt sammelt und einen reflektierenden See für den Sonnenaufgang bildet. Setzen Sie dann Ihr stärksten Weitwinkel ein und positionieren Sie sich so nah und tief wie möglich an der Wasserlache, um die Reflexion der ersten Sonnenstrahlen auf den Höhen der Panamint Range einzufangen. Da dieser Bereich des Bildes in jedem Fall heller sein wird als der noch im Schatten liegende Vordergrund, ist die Verwendung eines zwei- oder sogar dreistufigen Grauverlauffilters zwingend notwendig, um den Kontrastumfang des Bildträgers nicht zu überfordern.

Die 8 mi lange schmale Einbahnstraße des Artists Drive durch die zumeist vulkanische Landschaft zweigt rund 12 mi südlich von Furnace Creek von der Rt-178 nach Norden ab. Die besten Photomöglichkeiten bieten sich nach gut einem Drittel an der Artists Palette, wo eine Vielzahl

Santes View - Sonnenuntergang über der Panamint Range

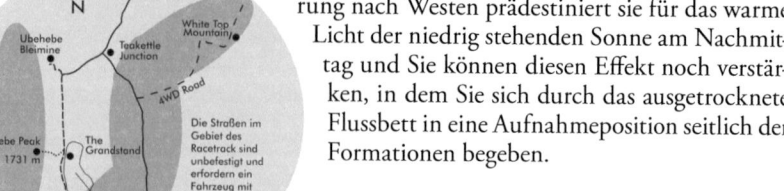

roter, gelber, grüner, purpurner, brauner und schwarzer Mineralablagerungen zu Tage treten. Ihre Orientierung nach Westen prädestiniert sie für das warme Licht der niedrig stehenden Sonne am Nachmittag und Sie können diesen Effekt noch verstärken, in dem Sie sich durch das ausgetrocknete Flussbett in eine Aufnahmeposition seitlich der Formationen begeben.

Motive rund um Scottys Castle

54 mi nördlich von Furnace Creek baute der Wüstenfuchs Walter Scott, den seine erfolgreichen Prospektionen zum Millionär machten, in den 1920er Jahren hier im Grapevine Canyon sein exzentrisches Wüstenschloss. Aus heutiger Sicht ist Scottys Castle allerdings allenfalls noch kurios, ein interessanter Kontrapunkt zur umgebenden kargen Landschaft, aber das reicht den Amerikanern als Besuchsgrund völlig aus. Auf der Besichtigungstour dürfen Sie kein Stativ verwenden, 400 ISO schnelles Material ist also für Innenaufnahmen angesagt.

Der ansehnlich große Ubehebe Crater (56 mi nördlich von Furnace Creek und 5 mi westlich von Scottys Castle) entstand durch eine vulkanische Eruption vor gerade einmal 2 000 Jahren. Vom benachbarten Little Hebe Crater (1,6 km leichter Weg hin und zurück) aus haben Sie am Morgen oder Abend den besten Blick auf die durch oxydierten Erze farbig aufgewertete Formation.

Warum wandern die Felsen über die weite Ebene des Racetrack?

Racetrack Valley liegt mitten im Nirgendwo 35 mi westlich von Scottys Castle, zu erreichen über 27 mi Staubstraße, die viel Bodenfreiheit erfordert. An ihrem nördlichen Ende erreichen Sie zuerst den großen Quarz Monolithen The Grandstand, von wo aus Sie auf einem halbstündigen Fußmarsch gute Bilder des weiter südlich gelegenen Racetracks aufnehmen können. Eine längere Wanderung führt über 3 mi nach Westen zum Ubehebe Peak, ist aufgrund des Anstiegs von rund 550 m aber einigermaßen anstrengend. Hauptanziehungspunkt des Tals ist der 2 mi weiter südlich gelegene Racetrack, jene Stelle in der südöstlichen Ecke der Ebene, an der die durch die Erosion aus den höheren Lagen gelösten Felsbrocken auf mysteriöse Weise über den lehmigen Grund des ausgetrockneten Sees wandern. Die aktuelle Theorie besagt, dass eine seltene Kombination aus rund 1 cm Regen, der den Lehm anfeuchtet und starkem Wind in der Größenordnung von 80 km/h die

Voraussetzungen für diese Bewegung schafft. Aber vielleicht sind es doch nur die Frogs oder Aliens, die uns hier einen Beweis ihrer Existenz geben wollen!? - Wie auch immer, Sie brauchen den Schattenwurf des niedrigen Sonnenstands am Morgen oder späten Nachmittag und die große Tiefenschärfe eines starken Weitwinkels, um den Felsen und ihren Spuren im Lehm zu ordentlicher Tiefenwirkung zu verhelfen.

Zabriskie Point ist d e r Aussichtspunkt für den Sonnenaufgang

Motive rund um Stovepipe Wells Village und die Dünenfelder

„Die Dünen verändern sich ständig und es gibt keinen bestimmten Ort, an den man nach Wochen und Monaten zurückkehren kann."
Ansel Adams, *The Making of 40 Photographs*

Death Valley ist zwar eine Wüstenlandschaft, die eigentlich typischen Sanddünen aber finden sich nur an wenigen Stellen. Damit Sie entstehen können, müssen bestimmte Umweltfaktoren erfüllt sein. Es muss genügend loser Sand vorhanden sein, der von einem stetigen Wind transportiert wird und es braucht Orte, an denen die leichte Fracht abgelagert werden kann. Vorzugsweise sind dies Stellen, die den Luftstrom aufgrund ihrer Topographie verlangsamen. Im äußersten Norden des Parks, im 900 m hoch gelegenen Eureka Valley, befinden sich mit den Eureka Dunes die höchsten Dünen Nordamerikas. Bis zu

Oxidierte Mineralien sorgen für die Farben der Artists Palette

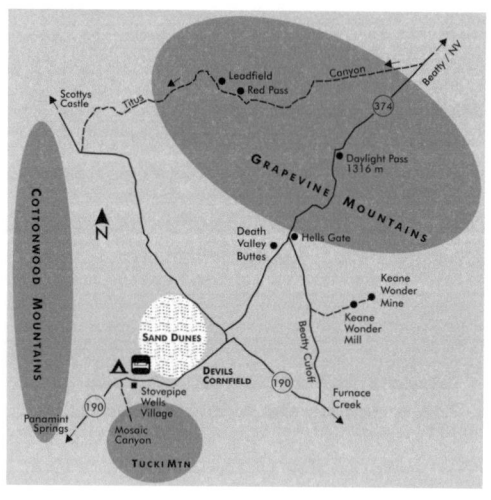

200 m hoch erheben sie sich über den Boden des von Höhenzügen eingeschlossenen Tals. Wenn Sie über einen soliden Camper verfügen, können Sie die Nacht in der Nähe verbringen und neben dem Nachmittagslicht auch den Sonnenaufgang zu tollen Bildern in der Einsamkeit nutzen. Sie erreichen das Dünenfeld entweder über einen Abzweig von der Ubehebe Crater Road im Süden (44 mi Staubstraße) oder von der Ortschaft Big Pine an der Rt-395 im Westen (28 mi Asphalt plus 21 mi Staubstraße). Jede der beiden Strecken kann bei trockener Witterung in rund 2 Std. abgefahren werden.

Das 5 km lange und 800 m breite Gebiet der Death Valley Dunes zwischen Stovepipe Wells Village und der Kreuzung Rt-190 & Rt-267 ist leichter zu erreichen und eine gute Adresse für Sonnenauf- und -untergang. Von der Straße aus brauchen Sie gar nicht weit in den südlichen Teil der hellgelben Landschaft aus Tausend und einer Nacht hineinzugehen, um in eine gute Aufnahmeposition zu gelangen. - Mit dem Blick nach Norden nutzen Sie in jedem Fall die seitliche Beleuchtung der auf- und untergehenden Sonne, um die starken symmetrischen Formen der bis zu 30 m hohen Dünen zu betonen. Eine lange Brennweite (>= 180 mm) verdichtet die Entfernung und lässt die sanften Kurven zu abstrakten Formen verschmelzen. Weitwinkelkompositionen beziehen dagegen je nach Tageszeit die rot leuchtenden Spitzen der Amargosa Range oder Panamint Mountains im Osten bzw. Westen als stimmungsvollen Hintergrund mit ein. So lange sich die hellen und dunklen Bereiche der Dünen im Bild halten, sollte auch eine einfache Integralmessung zu korrekten Belichtungen führen. Der Sonnenaufgang ist die allerbeste Aufnahmezeit, denn erstens reinigt der frische Wind die Dünen jede Nacht aufs Neue von den Fußspuren der Wanderer und zweitens versinkt die Sonne am Abend schnell hinter den höheren Bergen im Westen und so fehlt die Zeit des wirklich flachen, schattenwerfenden Lichts, die Sie am Morgen genießen können. Dagegen steht nur die wärmere Qualität des Lichts bei Sonnenuntergangs. Auch der Vollmond kann hier eine interessante Lichtquelle sein. Sollten Sie Ihren Reiseverlauf dahingehend timen können, machen Sie in jedem Fall mehrere Aufnahmen mit unterschiedlichen Belichtungswerten, beginnend bei 6 sec bei Blende 4 und 200 ISO. Denken Sie in jedem Fall an genügend Wasser - die Lauferei durch den weichen Sand ist anstrengend!

Schwieriger zugänglich sind wiederum die im Westen gelegenen Panamint Dunes. Auf dem Weg von Stovepipe Wells nach Panamint Springs zweigt bei Meile 17 eine Staubstraße nach Norden ab. Von ihrem Ende aus müssen Sie weitere 3 mi querfeldein wandern. Die Besonderheit dieser Dünen ist ihre Lage an einem Steilhang.

Entlang der Rt-374 (führt nach Rhyolite und Beatty/NV) haben Sie vom Hells Gate Information Area aus einen guten Blick aus erhöhter Position auf die ganze Osthälfte des Tals. Ein paar Meter abwärts schauen Sie direkt in das Feld der hellen Sanddünen hinein. Mit einer Brennweite um 200 mm lassen sich von hier schöne Details aussondern. Auch die nur einen Steinwurf südlich liegenden Death Valley Buttes, rot-braun erodierte Hügel, kontrastieren gut mit dem Dünenfeld. Abenteuerlustige Seelen können beide erklettern. Aber es ist Vorsicht geboten, denn es gibt keinen markierten Weg.

Der bemerkenswerte Titus Canyon liegt im Dreieck zwischen Rt-374 (nach Beatty/NV) und Rt-267 (zu Scottys Castle) und wird von einer 27 mi langen Staubstraße durchquert, die nur von Osten nach Westen zu befahren ist und ein Fahrzeug mit großer Bodenfreiheit erfordert. Sie zweigt 7 mi nördlich der Staatsgrenze von der Rt-374 nach Westen ab und Sie fahren Sie am allerbesten am Morgen nach dem Sonnenaufgang in den Sanddünen, wenn Sie die Sonne im Rücken haben. Nachdem Sie den Red Pass mit seinen schönen hellroten und gelben Felsformationen überwunden haben, erreichen Sie die Ruinen der alten Minenstadt Leadfield, die die Hälfte des Weges markieren. Die Boomphase des Ortes dauerte nur von

Wunderwelt im Mosaic Canyon oberhalb von Stovepipe Wells

1926 bis 1927, dann waren die größten Bleivorkommen schon erschöpft und die Ansiedlung wurde verlassen. Vorbei an den Überresten verengt sich der Canyon zusehends und die letzten 2 mi, auf denen die Wände 150 m hoch wachsen, können bei nur noch 5 m lichter Weite ohne Übertreibung als Slotcanyon bezeichnet werden. Um zu guten Bildern zu kommen lassen Sie Ihren Wagen am besten auf dem Parkplatz am Ende der Oneway-Section stehen und begehen den engen Abschnitt zu Fuß. Die hochstehende Mittagssonne erreicht nun auch den Grund der Schlucht und leuchtet die verdrehten Kalksteinschichten in den Wänden gut aus.

Die Reste der Ortschaft Rhyolite liegen 33 mi östlich von Stovepipe Wells Village an der Rt-374 und damit außerhalb des Death Valley National Parks. Zwischen 1905 und 1911 war das hier eine sehr aktive Stadt, die zeitweise mehr als 10 000 Menschen beherbergt und ihren Wohlstand dem Abbau goldhaltigen Erzes verdankte. Die wenigen noch stehenden Ruinen lassen das zwar nicht mehr erahnen, sind aber durchaus einen kurzen Besuch zu jeder Tageszeit wert.

Skidoo, erst 1906 gegründet, war eine der letzten Goldgräbersiedlungen rund um Death Valley. Während der aktiven 11 Jahre des Ortes lebten hier in 1700 m Höhe bis zu 500 Menschen. Die größte Leistung der Minenbetreiber war der Bau einer 18 mi langen Pipeline, die das zum Goldwaschen benötigte Wasser aus dem Gebiet des Telescope Peak heranführte. Die wenigen erhaltenen Überreste liegen am Ende einer Staubstraße die 10 mi südlich von Emigrant von der Emigrant Canyon Road abzweigt.

Noch weiter im Süden und schon außerhalb des Parks befindet sich die Geisterstadt Ballarat. 9 mi südlich der Kreuzung Panamint Valley und Emigrant Canyon Road zweigt eine kurze Staubstraße von der Rt-178 nach Osten ab. Die Hauptmine des 400 Einwohner beherbergenden Ortes förderte zwischen 1898 und 1903 rund 15 000 Tonnen goldhaltigen Erzes. Die Überreste der hauptsächlich aus ungebrannten Lehmziegeln erbauten Gebäude sind heute in Privatbesitz.

Der Mosaic Canyon ist ein ganz besonderer Ort. Wie die Slotcanyons auf dem Colorado Plateau wurde auch er von der Kraft temporärer Bachläufe in das Gestein des Tucki Mountain geschnitten, 305 m hoch über dem Talboden! Dabei durchschneidet er einen Kalkstein, der sich vor Urzeiten unter dem Druck eines ganzen Ozeans zu Marmor wandelte. In ihm erkennt das scharfe Makroobjektiv unzählige Details, die festzuhalten einige Aufnahmen wert sind. Am späten Nachmittag, wenn die obersten Spitzen der Felszinnen Rot leuchten und der Canyongrund schon im Halbschatten liegt, lohnt sich ein Besuch besonders. Dann können Sie die pastellfarbenen Sträucher, die aus den Felswänden zu wachsen scheinen, gut mit in den Vordergrund einbeziehen, denn der Kontrast bleibt schon innerhalb erträglicher 3-4 Belichtungsstufen. Eine 2,3 mi lange Staubstraße führt von der Rt-190 nahe beim Stovepipe Wells Village, hinauf zum Canyoneingang. Wenn Sie sich bis zum frühen Abend aushalten, können Sie vom Parkplatz aus auch gleich den Sonnenuntergang über der Westhälfte des Death Valley genießen - hoch genug liegt diese Location allemal.

Landschaft bei Mahogany Flat an der Emigrant Canyon Road

Motive an der Emigrant Canyon Road

Für die Weiterfahrt nach Westen sei der Abstecher über die Emigrant Canyon Road angeraten (keine Fahrzuge länger als 25 ft). Sie zweigt 8 mi westlich von Stovepipe Wells Village von der Rt-190 nach Süden ab und führt in einem 30 mi langen Bogen durch den hoch gelegenen Teil des Parks in den Panamint Mountains zur Rt-178 im Panamint Valley, wobei 4 mi hinter Wildrose nicht asphaltiert sind. Von dort aus haben Sie dann noch einmal gute 15 mi, um zurück zur Rt-190 zu gelangen. Starten Sie in Stovepipe Wells früh am Morgen, um den bemerkenswerten Aguereberry Point noch mit dem feinen Licht der niedrig stehenden Sonne zu erreichen. Reisen Sie umgekehrt von Westen an lohnt sich der Weg auch am späten Nachmittag. 21 mi von Stovepipe Wells entfernt, zweigt hier eine 6 mi lange Staubstraße zum Rand des Plateaus nach Osten ab. Aus 1961 m Höhe geht der Blick von hier über die gesamte Länge des Death Valley. Am Nachmittag hebt die im Westen stehende Sonne die gegenüberliegen-

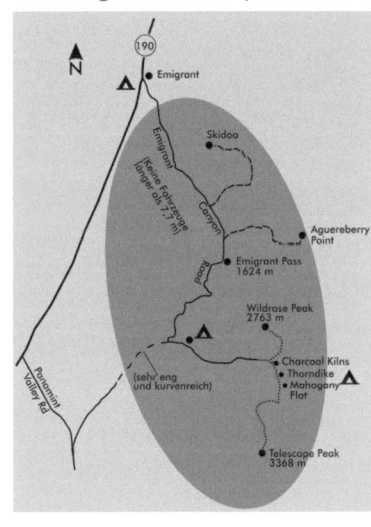

den Spitzen der Amargosa Range photogen hervor. 10 mi weiter südlich erreichen Sie den Abzweig zu den Charcoal Kilns und zu Mahogany Flat. An der Kreuzung befinden sich eine Rangerstation und der ganzjährig geöffnete Wildrose Campground. Die zehn großen Kilns, Brennöfen in denen Holzkohle hergestellt wurde, liegen weitere 7 mi von hier entfernt. Sie sind alle gleich groß, rund 7 m hoch und 9 m breit und stehen in einer geraden Reihe. Wenn Sie sich zu einer Übernachtung auf dem Campingplatz entschlossen haben, können Sie von hier aus den 2763 m hohen Wildrose Peak erwandern (13,4 km hin und zurück, Höhengewinn 670 m). Schon nach 3 km können Sie durch den Kiefernwald schöne Blicke ins Tal genießen. 2 mi weiter südlich der Charcoal Kilns liegt Mahogany Flat am Ende der schlechten Staubstraße. Dies ist der Ausgangspunkt für den Telescope Peak Trail und gestattet nebenbei auch noch gute Ausblicke ins Death Valley. Telescope Peak ist mit 3368 m die höchste Erhebung im Park. Der 11,2 km lange Weg kann - gute Kondition bei 914 m Höhengewinn vorausgesetzt - zwischen Mai und Oktober problemlos begangen werden. Pro Wegstrecke sollten 3-4 Std. kalkuliert werden. Belohnt werden Sie mit einem grandiosen Blick, der vom Mt Whitney im Westen bis zum Mt Charleston nahe Las Vegas im Osten reicht sowie den oberhalb von 3000 m gedeihenden Bristlecone Pines, uralten Kiefern, deren Stämme und Äste durch Wind und Witterung zu schier unglaublichen Formen verdreht sind.

Motive rund um Panamint Springs

1 mi westlich des Ortes Panamint Springs zweigt die Darwin Canyon Road nach Süden von der Rt-190 ab. Nach 3 mi erreichen Sie einen Parkplatz, von dem aus es nur ein kurzer Fußmarsch zu den beinahe 10 m hohen Darwin Falls ist. - Ein Wasserfall ist in dieser Umgebung wahrlich eine Seltenheit.

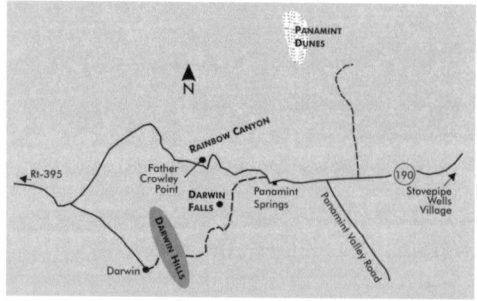

Ein paar Meilen weiter westlich am Ende der Staubstraße liegt die Geisterstadt Darwin. Zu den gut erhaltenen Überresten zählen das alte Schulgebäude, Teile des Minenkomplexes und verschiedene Geschäftsgebäude. Statt Silber, wie man zunächst annahm, wurden hier in den 1870er Jahren für kurze Zeit verschiedene Erze und Mineralien abgebaut. - Das sorgte für immerhin rund 200 Einwohner. Die gute Erreichbarkeit und schöne Lage im Darwin Canyon lohnen einen kurzen Besuch.

Weiter östlich schraubt sich die Rt-190 wieder langsam auf Höhe und gibt nach jeder Kurve neue spektakuläre Ausblicke auf das tief im Osten liegende Death Valley frei. Father Crowley Point liegt 8 mi hinter Panamint Springs am Ende einer kurzen Staubstraße und blickt aus exponierter Lage auf die ganze Länge des Rainbow Canyon und auf die Panamint Range. Die sich anschließende Landschaft ist der Höhenlage von rund 1700 m entsprechend mit Creosote Büschen und niedrigen Sträuchern bestanden. Der Boden ist von auffälliger brauner und roter Farbe. Nach einem weiteren Anstieg ist die Lower Centennial Flat, quasi der Sattel der Inyo Mountains erreicht, wo ein dünner Bestand Joshua Trees den spärlichen Bewuchs ergänzt. Nicht weit entfernt sind im Westen schon die grauen Höhenzüge der Sierra Nevada zu sehen. - Ein guter Blick für den frühen Morgen, wenn die ersten Sonnenstrahlen die Felsspitzen über dem Owens Valley Rot aufleuchten lassen.

Minimalprogramm und Tagesablauf

Dazu gehört der Sonnenaufgang am Zabriskie Point und an den Sanddünen, was einen zweitägigen Aufenthalt erfordert. Die dazwischenliegenden Stunden füllt man mit dem Devils Golf Course, dem Mosaic oder Golden Canyon sowie einem Sonnenuntergang am Dantes View.

Die kleinen feinen Darwin Falls

East of the Sierra Nevada

● *Höhenlagen zwischen 1127 m in Lone Pine,*
1262 m in Bishop und 2480 m am Conway Summit

Sind Gebirge eigentlich von allen Seiten gleich schön? Die Alpen oder die Rocky Mountains vielleicht, die Schokoladenansicht der Sierra Nevada aber ist definitiv ihre Ostseite. Subjektiver Blödsinn? Hier sind ein paar objektive Gründe dafür: Die Sierra teilt mit dem fruchtbaren San Joaquin Valley auf ihrer Westseite und der wüstenartigen Hochebene des Great Basin im Osten zu Recht zwei ganz verschiedene Landschaftsformen voneinander. Damit einher gehen unterschiedliche Kulturformen und Höhenlagen. Das San Joaquin- oder auch Great Central Valley ist dank guter Bewässerung und einer Höhenlage von nur 90 m überaus fruchtbar. Der nicht immer ökologisch geprägte Feldbau und die nahen Industriezentren der Küstenregion sorgen aber für eine zunehmend schlechtere Luftqualität, so dass die Berge selbst aus der Übergangsregion der Foothills oft gar nicht zu sehen sind. Die Umgebung des Great Basin auf der Ostseite dagegen ist eine mindestens 1000 m hoch gelegene trockene Felswüste, die nur sehr

Die aufgehende Sonne erleuchtet die Spitzen der Sierra - So ein Bild werden Sie auf der Westseite nie aufnehmen!

dünn besiedelt ist. Die Luft ist rein und klar, da es neben den Regenwolken auch der Dunst nicht über die Höhen schafft. Nähert man sich von Osten, so ist die markante graue Kette der Sierra schon von weitem auszumachen, scheint sich gar ansatzlos über das Owens Valley zu erheben. Gut, Schönheit mag trotz allem relativ sein, aber die besseren Photos machen Sie East of the Sierra Nevada!

In dieser Umgebung trifft man aus dem Death Valley kommend auf die Rt-395, die wichtigste Verkehrsverbindung auf der Ostseite der Sierra, die völlig zu Recht als Scenic Byway ausgewiesen ist. Und hier steht die Entscheidung für die im Weiteren folgende Route an, denn zwischen dem Sherman Pass im Süden und dem Tioga Pass im Norden kreuzt keine Straße den Hochgebirgszug. Folglich müssten Sie eine Strecke doppelt fahren, um auf Ihrem Weg zum Pazifik Sequoia- und Kings Canyon NPs, das Owens Valley und Yosemite NP in einer Schleife zu verbinden. Alternativ könnten Sie den zuerst genannten Doppelpark auslassen, sich gleich nach Norden wenden und die Mammutbäume im Yosemite bewundern. Bei dieser letzten Variante passieren Sie die beiden folgenden Geisterstädte.

Cerro Gordo liegt unterhalb des Cerro Gordo Peak an einer Staubstraße, die in Höhe der Ortschaft Keeler von der Rt-136 abzweigt. Die Piste steigt auf sieben Meilen um 1670 m an und garantiert einen spektakulären Blick auf das sandige Bett des Owens Lake und das dahinter aufragende Massiv der Sierra Nevada. Zur Boomzeit des Ortes in den 1873er Jahren wies der See noch einen Wasserstand von 15 m auf und zwei Dampfschiffe verkehrten zwischen den Ufern. Cerro Gordos Überreste sind heute in Privatbesitz und werden liebevoll gepflegt und restauriert, so dass diese ehemals ertragreichsten Silberminen Kaliforniens, bis 1959 wurde hier Erz gewonnen, heute auch zu den am Besten erhaltenen zählen. Reward liegt 6 mi östlich von Manzanar und der Rt-395 im Owens Valley. Zwischen 1860 und 1936 produzierte die Brown Monster Mine hier eine für das Owens Valley rekordträchtige Menge Gold und eine beachtliche Anzahl der Anlagen und Gebäude sind erhalten - der kurze Abstecher lohnt sich also!

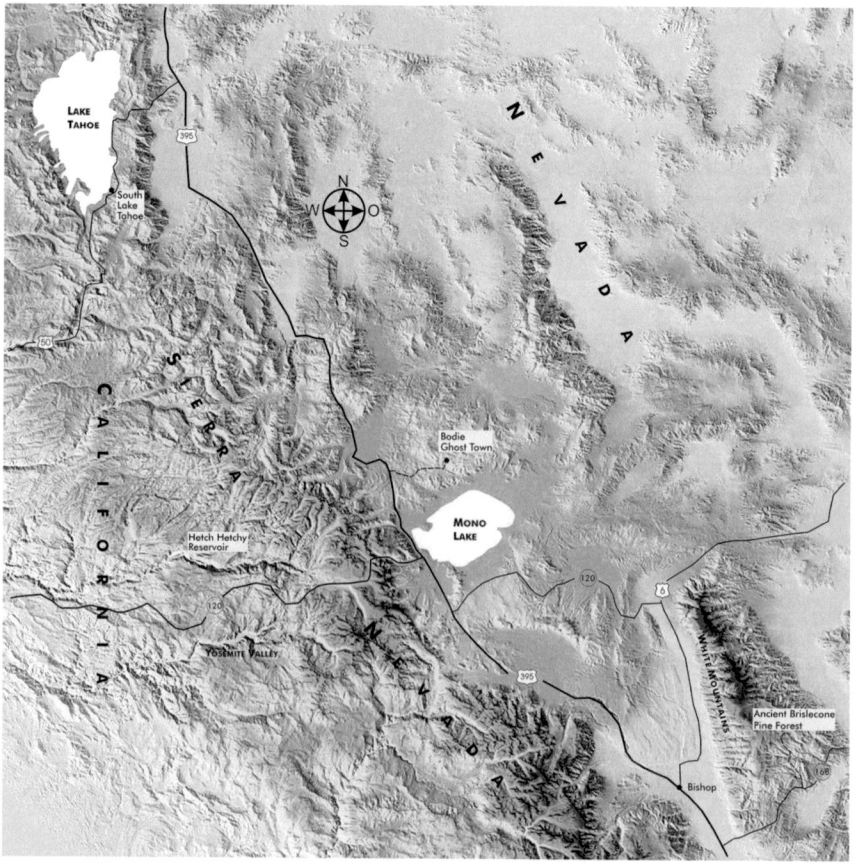

Die Bristlecone Pines in den White Mountains

„Meine Bilder von einzelnen Bäumen sind gut gelungen, weil Bristlecones so isoliert stehen. Aber meine Versuche, das Gefühl des Waldes einzufangen, scheiterten an dem Fehlen eines einheitlichen Musters, das den Besuch der Bristlecones zu einem so mystischen Erlebnis macht." Galen Rowell, *Mountain Light*

● **3048 m am Schulman Grove, 3414 m am Patriarch Grove**

Wie, Wo, Was

Sie sind alt und man sieht es ihnen auf den ersten Blick an. Haut tragen sie nur noch an wenigen Stellen ihres Stammes und auch die Wurzeln liegen weitgehend offen auf dem felsigen Grund. Und doch strahlen sie eine Würde und Gelassenheit aus, dass es einem nicht nur aufgrund der Höhenlage den Atem verschlägt. Dazu tragen ihre in beinahe unmögliche Formen verwachsenen Äste und Stämme und das von den Elementen mehr als glatt geschliffene Holz nicht unwesentlich bei.

Die Art der Bristlecone Pines (pinus longaeva) stellt die ältesten Lebewesen der Erde dar, Methusalem ihr zähestes Exemplar hat es auf mittlerweile mehr als 4700 Jahre gebracht. Das ist umso erstaunlicher, wenn man bedenkt, in welch lebensfeindlicher Umwelt sie gedeihen, denn die White Mountains gehören zu den unwirtlichsten Flecken der Erde: Die Sierra Nevada fängt beinahe die gesamte pazifische Regenmenge ab, so dass für die Gebiete in ihrem Schatten nur kräftige aber rekordverdächtig trockene Winde übrig bleiben. Ihre Höhe von mehr als 4000 m versorgt sie mit reichlich Schnee, der für mehr als die Hälfte der durchschnittlich 30 cm Niederschlag pro Jahr sorgt. Aber genau diese Umstände scheinen die Bristlecones hier und in den sechs anderen Bundesstaaten ihres Vorkommens im Westen der USA zu bevorzugen. Dabei besitzen sie neben ihrem ästhetischen auch einen wissenschaftlichen Wert für uns. Anhand ihrer Jahresringe konnte Dr. Schulman, nachdem einer der Stände hier im Ancient Bristlecone Pine Forest benannt ist, nachweisen, dass die Kohlenstoffproduktion, speziell die von C 14, in der Atmosphäre nicht konstant verlaufen war. Dies führte zur Korrektur vieler durch die Radiokarbon-Methode ermittelter archäologischer Daten. Unter den Überlebensstrategien dieser langlebigen Gesellen sind vor allem ihr zähes Holz zu nennen, das das Eindringen von Bakterien, Pilzen und Insekten zuverlässig verhindert. Die trockene Luft ihrer bevorzugten Höhenlagen behindert überdies den Verrotungsprozeß. Aber vor allem die Möglichkeit, Teile des Stammes in schlechten Jahren absterben zu lassen, um den Rest zu retten, ist der Schlüssel ihres hohen Alters.

Wegweiser

Über 160 km erstreckt sich das Owens Valley beinahe schnurgerade zwischen dem Mono Basin im Norden und dem trocken gefallenen Bett des Owens Lake im Süden. Dank dem in der Umgebung der Mammoth Lakes entspringenden Owens River war dies ursprünglich eine fruchtbare Gegend, doch der immense Durst der wuchernden Metropole Los Angeles saugt viel Wasser auf und lässt entlang dem Highway oft nur noch niedrige Büsche Steppengras gedeihen. 45 mi fahren Sie von Lone Pine durch dieses bemerkenswerte Tal nach Norden bis Sie in Big Pine nach Osten auf die Rt-168 abbiegen. Von hier bis zum Schulman Grove Visitor Center sind es dann noch einmal 45 min oder 20 mi. Dieser niedrig gelegene Teil des Ancient Bristlecone Forests ist zwischen Mitte Mai und Ende Oktober zugänglich. Den noch höher gelegenen Patriarch Grove erreichen Sie über eine 13 mi lange Staubstraße. Campen können Sie auf dem Grandview Campground in 2621 m Höhe. Er bietet 36 kostenlose Plätze (First Come - First Served) und ist ebenfalls zwischen Mai und Oktober geöffnet. Die nächsten Motels gibt's in Big Pine im Tal.

Geographische Orientierung und die photogensten Tageszeiten

Die Bristlecones stehen zumeist frei und gern auch mal dramatisch nah am Rand eines Kliffs. Das kühle blaue Licht des Sonnenaufgangs setzt ihre bizarren Formen in der kargen surrealen Umgebung am besten in Szene. Der Sonnenuntergang spendet dagegen etwas wärmere Farben, die das Holz weniger bleich und damit insgesamt freundlicher wirken lassen.

Photographische Besonderheiten

Der Polarisationsfilter lässt die unterschiedlichen Farbtöne des Holzes stärker hervortreten und dunkelt den Himmel ein wenig ab, so dass sich die Bäume besser abheben. Ein starker Rotfilter verhilft bei der Verwendung von SW-Material zu einem dramatisch-dunklen Himmel.

Motive im Bristlecone Pine Forest

Entlang der White Mountain Road zum Schulman Grove passieren Sie nach einigen kleinen Parkstreifen den Sierra Viewpoint. Aus

Bristlecone Pine im Patriarch Grove

großer Höhe haben Sie von hier den besten Blick über das Owens Valley hinüber auf die im feinen Licht des Sonnenaufgangs badenden Spitzen der Sierra Nevada. Durch die Bristlecone Ansammlung des Schulman Grove gleich hinter dem Besucherzentrum führen zwei gute Fußwege. Der westliche Teil des 1,6 km langen Discovery Trails empfiehlt sich besonders für den späten Nachmittag. Die Motive am etwas anspruchsvolleren und mit 6,5 km auch längeren Methusalem Trail kommen am besten am frühen Morgen zur Geltung. Auf ihm gelangen Sie zum Methusalem Grove, wo Sie das älteste Exemplar der Spezies erraten können. - Zum Schutz vor Vandalismus ist der Methusalem aller Bäume nicht gekennzeichnet. An beiden Wegen können Sie die im August blühenden Wildblumen mit ins Bild einbeziehen. - Die Farbtupfer setzen einen schönen Kontrast zu den bleichen Stämmen.

Patriarch Grove gleicht einer weiten offenen Schüssel, deren Kargheit vom Great Basin im Hintergrund perfekt widergespiegelt wird. Die beiden tiefer gelegenen Stände sind zwar schon bemerkenswert, aber hier oben finden Sie nicht nur das mit 11 m Höhe größte, sondern auch die mit Abstand schönsten Exemplare. Patriarch Tree entspricht dabei mit seinen 1500 Jahren genau dem durchschnittlichen Alter seiner Artgenossen. Nebenbei: Totholz liegt hier nicht einfach herum. Es gehört in den ökologischen Kreislauf und wird selbstverständlich nicht aufgesammelt!

Auch in dieser Gegend ist mit der Geisterstadt Laws ein Relikt aus der Gründerzeit des Westens erhalten geblieben. Die Überreste der alten Eisenbahnstadt, dazu zählen neben verschiedenen städtischen Gebäuden vor allem das Depot der Schmalspureisenbahn, befinden sich nur einen Steinwurf nördlich von Bishop an der Rt-6.

Dem puren Fels entwachsen, wie genügsam muss man sein, um so zu überleben?

Mono Lake

„Ein Land der wunderbaren Kontraste, heiße Wüsten zwischen schneebedeckten Bergen, Asche und Schlacke auf gletscherpoliertem Pflaster, Frost und Feuer, die gemeinsam Schönheit schaffen."
John Muir

● *610 m hoch gelegen*

Wie, Wo, Was

Zuerst ist es nur ein Lichtstrahl, der durch die dichten Wolkenfetzen auf die schmale Ebene vor dem Massiv der Sierra fällt. Ganz so, als ob er das Land kitzeln wolle. Man bemerkt es kaum, schließlich gilt die Konzentration den immer drängelnden Trucks, die die Rt-395 bevölkern. Man fährt weiter und irgendwann lässt der Zufall die Sonne durch ein paar große Wolkenlöcher scheinen, lässt ihre Strahlen in mächtigen Bündeln hinunter auf das Grasland prasseln. Da und dort, hier vorn und da hinten. Das übersieht kein waches Auge mehr. Das ist der Moment, in dem man den Wagen sprachlos auf dem Seitenstreifen zum Halten bringt, atemlos nach Stativ und Rucksack greift und, Staubfahnen hin oder her, in die gar nicht so klare Aufnahmeposition stürzt. Über allem das schwarze Schattenband der Gipfel, Ansel Adams' *Range of Light*, die dieses Schauspiel wohl nicht mehr regt.

Mono ist das Wort der Yukat Indianer für die Schwärme der schwarzen Alkalifliegen, die sich jedes Frühjahr prächtig im See entwickeln

Ein weiterer Beweis für die spektakuläre Landschaft der östlichen Sierra. Aber es kommt noch besser. Mono Lake überrascht mit außergewöhnlichen Tuffsteinformationen an seinen Ufern. Tuff entsteht durch die Mischung des aus unterirdischen Quellen aufsteigenden Kalziums mit dem alkalischen (karbonatreichen) Seewasser und lagert sich um die Quelle zu einem Türmchen ab. Das Seewasser ist etwas zweieinhalbmal salziger und tausendmal alkalischer als der Ozean. Die Zuflüsse bringen beides aus den uralten Seeböden und vulkanischen Lavafeldern mit, die sie durchqueren. Da das Gewässer keinen Abfluss hat und das Wasser verdunstet, haben sich die Stoffe im Laufe der Zeit angereichert. Dass wir die Formationen sehen, verdanken wir aber tragischerweise dem immensen Wasserbedarf des Los Angeles County. Seit 1941 bediente man sich hemmungslos aus den Zuflüssen und senkte den Wasserspiegel so bis 1994 um 15 m. Dies entsprach einer Verkleinerung der Seefläche um fast 50 %. 1994 wurde diesem bunten Treiben mit neuen Schutzmechanismen ein Ende gesetzt und ein Zielwert von 6391 ft für die Wasserhöhe vorgesehen. Sie zu erreichen wird noch einige Jahre dauern, aber wenn es so weit ist, werden die meisten der

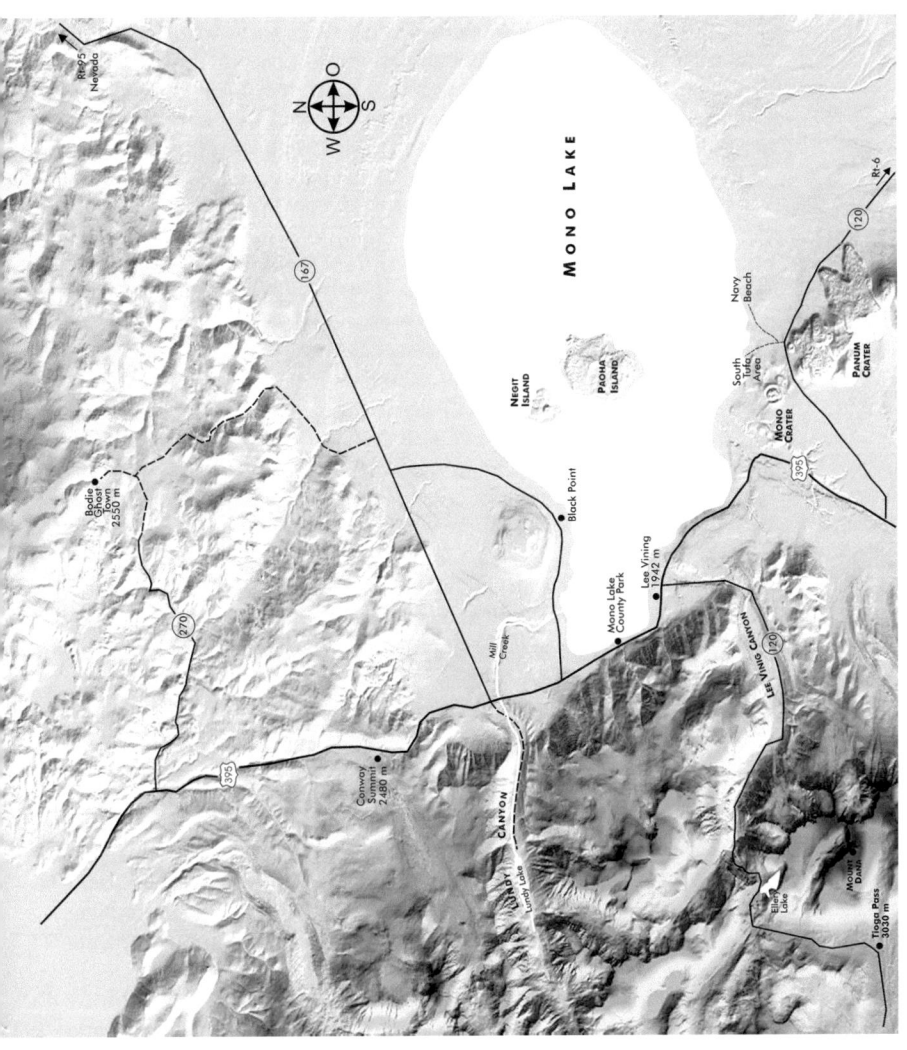

zerbrechlichen Formationen wieder unter Wasser verschwunden sein, wo sie vor mindestens 200 Jahren entstanden sind. Zum Vergleich: Die Aufnahmen repräsentieren einen Stand von 6384 ft. - Das Zeitfenster, in dem der See mit seinen Hauptattraktionen abgelichtet werden kann, schließt sich also langsam. Informationen zum aktuellen Wasserstand finden Sie z.B. hier: http://www.monobasinresearch.org/data/levelyearly.htm

Etwas, das auch dann noch bleibt, ist die große Anzahl Vögel, die dieses Gebiet jedes Jahr aufsuchen. Neben vielen anderen Arten nistet beinahe die gesamte kalifornische Möwenpopulation im Frühjahr auf den beiden vulkanischen Inseln im Mono Lake. Andere Schwärme rasten hier und fressen sich an den reichen Shrimpsvorkommen fett für den Weg in die Winterquartiere.

Noch eine Besonderheit des Mono Lake ist sein Farbwechsel von Hellgrün nach Hellblau zwischen Winter und Sommer. Er wird hervorgerufen durch die große Anzahl Algen, die sich während des Winters rasant vermehren und für die grüne Farbe sorgen. Mit der Erwärmung des Wassers im Frühjahr vermehren sich dann Shrimps und Alkalifliegen, die die Algen fressen. Bis zum Sommer sind sie damit so erfolgreich, dass das Wasser wieder klar und blau ist.

Ein merkwürdiger Geruch liegt über dem kleinen Ort Lee Vining, wie der intensive Duft des Meeres

Geographische Orientierung und die photogensten Tageszeiten

Mono Lake liegt in einer nach Osten hin offenen weiten Ebene, begrenzt durch die hohe Kette der Sierra Nevada im Westen. Damit wird das Licht am Abend zu früh abgeblockt, um die Formationen am See gut in Szene zu setzen. Am frühen Morgen, kurz vor Sonnenaufgang, können Sie die Tuffgebilde dagegen zuerst vor die mit einem purpurnen Himmel hinterlegte Kette der Basin Ranges im Osten stellen. Nur Augenblicke später hat die Sonne dann freie Bahn, um die zerbrechlichen, bei höherem Sonnenstand beinahe farblosen, Türme und die Gipfel im Westen gleichzeitig in das feinste Licht zu tauchen.

Motive rund um Mono Lake

Der Tuffstein tritt an drei Stellen rund um den See zu Tage: Das Südufer des Mono Lake bietet die größte Anzahl an Tuffformationen. Im feinen, rötlichen Morgenlicht erscheinen die Formationen dort am South Tufa Area beinahe freundlich. Je höher die Sonne aber steigt und ihnen auf diesem Weg die schminkende Farbe raubt, um so gespenstischer wirken die hohen Türme vor dem blauen Himmel. Sie erreichen das Gebiet über die 5 mi südlich von Lee Vining von der Rt-395 abzweigende Rt-120. Ihr folgen Sie 5 mi nach Westen bis zur Wegegabelung einer Staubstraße. Links herum geht's hier zum South Tufa Area, rechts herum zum Navy Beach. Im Süden erkennen Sie die vulkanischen Kegel der Mono Craters.

Am South Tufa Area können Sie auf einem 1,6 km langen Weg durch die Landschaft der bis ans Ufer reichenden beinahe weißen Formationen gehen, kommen ihnen nah genug für Makrostudien und können sie bei Sonnenaufgang mit den leuchtenden Bergen

Die Tuffsteinformationen sind bis zu 10 m hoch gewachsen

im Westen kombinieren. Wolken machen Motive manchmal besser und manchmal schlechter. Hier verhelfen sie am Abend erst zur nötigen Beleuchtung, da sie das von der Sierra abgeschattete Licht des Sonnenuntergangs auf den See reflektieren und dem Wasserspiegel so eine beinahe ätherische Anmutung verleihen. Ist der Himmel dagegen klar,

Wie abstrakte Bauwerke ragen die Formationen aus dem See

können Sie immer noch die wechselnden Lichtstimmungen auf der Ebene und den Höhenzügen im Osten einfangen.

Am nahe gelegenen Navy Beach finden Sie kleine Sandsteinformationen, die entstanden als die unterirdischen Kalziumquellen durch eine salzhaltige Sandschicht sprudelten.

Am Westufer des Sees gibt es im Mono Lake County Park weitere, aber nicht so bemerkenswerte Tuffsteinformationen (ab der Rt-395 über die Cemetery Road). Die Formationen dort überragen den Wasserspiegel nur knapp und sind sehr weit verteilt.

Mono Lake - Sonnenuntergang über der Sierra Nevada

Die Umgebung des Black Point im Norden ist von großen Spalten durchzogen, die auf vulkanische Aktivität schließen lassen. Er liegt darüberhinaus günstig, um die Aktivitäten der Vogelkolonien auf Paoha und Negit Island zu beobachten.

Lundy Canyon. 7 mi nördlich von Lee Vining,

Herbstliche Laubfärbung im Lundy Canyon

ist einer der besten Orte in der Gegend, um Wildblumen im Juli und die Herbstfärbung der Birken Mitte Oktober aufzunehmen. Genau gegenüber der Rt-167 zweigt die Lundy Road von der Rt-395 ab und folgt dem Verlauf des Mill Creek über 5 mi nach Westen zum Lundy Lake und der gleichnamigen Resortanlage. Hier endet der Asphalt und die Strecke geht in eine passable Staubstraße über. Nach weiteren 1 ½ mi haben Sie den Beginn des Lundy Trails erreicht. Er führt Sie auf kaum 2 km entlang dem Bachlauf und vorbei an einigen Biberteichen zu den 60 m hohen Lundy Falls. Genau wie auch die anderen Wasserfälle in der näheren Umgebung ist auch dieser während der Schneeschmelze im Frühjahr am eindrucksvollsten. Die mit kreativ-langer

Die Mono Craters bezeugen die vulkanische Geschichte

Belichtungszeit eingefangene Bewegung des Wassers ist die ideale Ergänzung der herbstlichen Laubfarben, deren voller Tonwertreichtum sich besonders unter einem bedeckten Himmel offenbart. Das beste direkte Licht erhält das Innere der kleinen Schlucht in der zweiten Tageshälfte, vor allem am späten Nachmittag. Damit ergänzt der Lundy Canyon die Formationen am Mono Lake hervorragend und ermöglicht einen ausgefüllten eintägigen Aufenthalt in dieser Gegend. Trotz der Kürze des Goldrausches in dieser Gegend, nur zwischen 1879 und 1884 wurde hier im nennenswerten Stil goldhaltiges Erz abgebaut, sind einige bemerkenswerte Relikte aus dieser Zeit erhalten geblieben. Mit etwas mehr Zeit können Sie also noch die während der Sommermonate zum Teil bewohnten Überreste der alten Goldgräberstadt Lundy am Westende des Sees und die Hinterlassenschaften des Minenbetriebs der May Lundy Mine in dem umliegenden Bergflanken erkunden.

Mono Lake ist ein Rekordhalter: Mit mehr als 700 000 Jahren ist er der älteste See Nordamerikas

11 mi nördlich von Lee Vining befindet sich der Mono Lake Vista Point an der Rt-395. Knapp unterhalb des Conway Summit ist er mit 2469 m schon anständig hoch gelegen und bietet vor allem am späten Nachmittag, wenn die tief im Osten stehende Sonne die Ebene mit langen Schatten belebt und die Bergfestung der Sierra Nevada im Westen in weiches Licht taucht, einen spektakulären Blick nach Süden über den Mono Lake.

Bodie State Historic Park

„Leb wohl, Gott, ich gehe nach Bodie!"
Tagebucheintrag einer Schülerin des 19. Jahrhunderts

● *2553 m hoch gelegen*

Wie, Wo, Was

Bodie genoss zu seinen besten Zeiten in den 1880er Jahren den Ruf der „wildesten Stadt, die der Westen je gesehen hatte". - Glaubt man den zeitgenössischen Berichten, so verfestigt sich diese Einschätzung auch heute noch. Natürlich bezog auch diese Stadt, und so muss man einen Ort mit mehr als 10 000 Einwohnern wohl nennen, ihren Reichtum und ihre Anziehungskraft aus den Gold- und Silberfunden, die William Body hier schon 1859 machte. Die Minen in der Umgebung produzierten in wenigen Jahrzehnten Gold und Silber im Wert von beinahe 40 Millionen $. Ein erstes großes Feuer verwüstete 1892 weite Teile des Ortes, doch moderne Produktionsverfahren stoppten den bereits einsetzenden Niedergang noch einmal für kurze Zeit. 1932 zerstörte ein weiteres Feuer, ausgelöst von dem mit Streichhölzern spielenden kleinen Bodie Bill, alle bis auf die heute noch stehenden Gebäude. Diese rund 170 Häuser plus der Komplex der Standard Stamp Mill repräsentieren nur 10 % der ursprünglichen Stadt und werden durch die hier ansässigen Ranger seit 1962 im Zustand des kontrollierten Verfallens gehalten. So kommt es, dass man in wohl präparierte Räume schaut, die den Eindruck machen, als seien sie erst vor Kurzem verlassen worden: Geschirr steht auf den Tischen, Betten sind aufgeschlagen, die Kirchenorgel scheint betriebsbereit.

Bodie ist die größte authentische Geister-stadt im Westen der USA

Wegweiser

Sie erreichen Bodie am besten ab der Rt-395 über die Rt-270. Sie ist auf den ersten 10 mi asphaltiert, die letzten 3 mi sind Staubstraße, die aber auch für ein Wohnmobil kein Hindernis darstellen. Im Winter kann die Straße nach einem Schneesturm zeitweise geschlossen sein. Der Park ist ganzjährig geöffnet und zwischen 08:00 und 19:00 Uhr können Sie die Gebäudereste auf eigene Faust erkunden. Der im Osten an einem Hang gelegene Komplex der Standard Stamp Mill ist nur auf einer Führung zugänglich

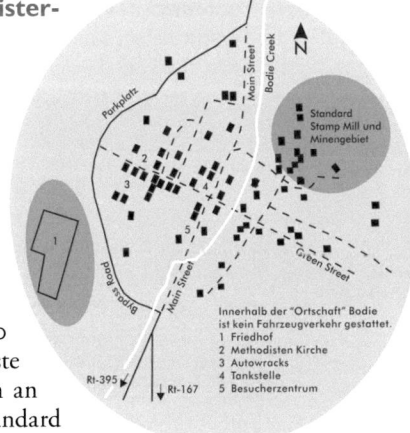

33

Das ausgedehnte Gebiet der Standard Stamp Mine

(jede volle Stunde zwischen 11:00 und 15:00 Uhr). Die nächsten Übernachtungsmöglichkeiten finden Sie in Bridgeport 18 mi im Norden und Lee Vining beinahe genauso weit im Süden. Campen können Sie überall außerhalb des Parks auf öffentlichem Land.

Photographische Besonderheiten

Für Aufnahmen der zumeist durch Gitter abgetrennten Wohnräume brauchen Sie entweder schnellen Film/Empfindlichkeitseinstellungen um 400 ASA oder, wo es das Gedränge zulässt, ein Stativ. – Das natürliche Licht ist zuweilen sparsam und ein einzelner Blitz erhellt die zum Teil großen Räume kaum vollständig.

Ohne den Staub könnte man denken, die Bewohner seien nur zur Arbeit gegangen

Motive in Bodie

Die **Methodistenkirche** an der Green Street ist zweifellos das erste und auch mit das beste Motiv, das Ihnen auf Ihrem Rundgang vor die Kamera kommt. Das Nachmittagslicht setzt ihr dunkles Holz vorteilhaft in Szene. Auf der Rückseite des schräg gegenüberliegenden Schuppens finden Sie einige **Autowracks** und die Reste landwirtschaftlicher Maschinen, die sich gut für Detailstudien eignen. Weiter unten an der Kreuzung Green- und Main Street zieht die alte **Tankstelle** mit dem hinreißenden LKW an der Zapfsäule die Aufmerksamkeit auf sich. Von welcher Marke hier Benzin verkauft wurde, ist auch heute noch unübersehbar. Rechts herunter, Richtung Eingangsstation, gelangen Sie zum gut mit Memorabilien bestückten **Museum** und **Besucherzentrum**. Der ein wenig erhöht im Westen gelegene **Friedhof** eignet sich gut für Übersichtsauf- nahmen und perspektivisch verdichtete Teleschüsse. Die Daten und Inschriften der Grabsteine spiegeln die Geschichte des Ortes sehr anschaulich wider.

Ohne Sprit lief auch damals schon nicht viel

34

Lake Tahoe

„Edle blaue Wasserfläche, die sich 2000 Meter über den Meeresspiegel erhebt und von einem Kranz schneebedeckter Berggipfel umschlossen ist..." Mark Twain

● *1920 m hoch gelegen*

Wie, Wo, Was

Lake Tahoe ist sicher aufgrund seiner Größe (35 x 20 km) als der bemerkenswerteste See der Sierra Nevada bekannt, denn Größe schafft Raum für Diversität. Entlang seiner 115 km langen Küste finden Sie quirlige Touristenstädtchen, mondäne Villenquartiere, die stillen Strände vierer State Parks und Skipisten, die zu den besten des Landes zählen. Alles vor einem sprichwörtlich blauen Wasserspiegel.

Wegweiser

Die Fläche des Lake Tahoe verteilt sich $^2/_3$ zu $^1/_3$ auf die Bundesstaaten Kalifornien und Nevada. Die Rt-89, Rt-28 und Rt-50 umrunden ihn im Uhrzeigersinn von Süden und führen Sie durch Tahoe City, das Zentrum auf der kalifornischen Seite im Nordwesten sowie South Lake Tahoe, das Nevada Pendant in der Südostecke. Während der Sommermonate und der Skisaison sollten Sie Ihre Unterkunftsmöglichkeiten in den Hauptorten aufgrund des großen Andrangs vorbestellen.

Motive rund um Lake Tahoe

Aufgrund der leider vielerorts dichten Bebauung und der glücklicherweise andernorts dichten Bewaldung bieten sich nur wenige Punkte für weitreichende Übersichtsaufnahmen an. Die im folgenden beschriebene Tour umrundet den See zwar gegen die Lichtrichtung, führt Sie dafür aber an zwei wichtigen Stellen zur richtigen Zeit in eine gute Aufnahmeposition.

Auf einer Rundfahrt von Süden im Uhrzeigersinn passieren Sie zuerst den Inspiration Point an der Südseite der Emerald Bay. Von hier schauen Sie aus ausreichender Höhe über die gleichnamige Bucht und den winzigen Granitberg von Fanette Island, die einzige Insel im See, hinüber auf die Berge der Desolation Wilderness. Auf der nächsten Meile steigt die Rt-89 ein wenig weiter an und ein

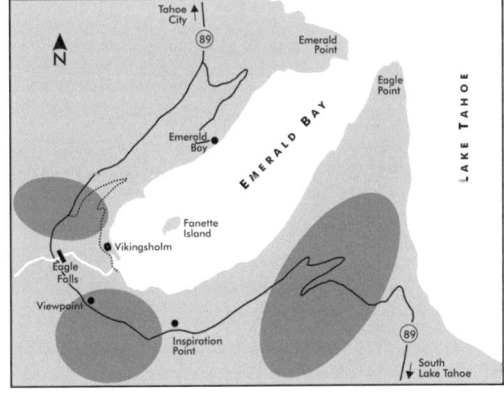

kleiner Aussichtspunkt gibt alsbald den Blick genau über die Mitte der Emerald Bay auf den Spooner Summit auf der Nevada-Seite frei. Dies ist das wohl bekannteste Bild des Lake Tahoe, da sein tiefblauer Wasserspiegel den Vordergrund dominiert. Wiederum nur einen Steinwurf entfernt überquert die Straße den Eagle Creek, von wo aus Sie auf einem kurzen Fußweg zu den sehr schönen Eagle Falls gelangen. Über drei Stufen ergießt sich das Wasser hier in die Emerald Bay und während der Schneeschmelze vom Frühjahr bis in den Frühsommer ist das am spektakulärsten. Am allerbesten nehmen Sie die oberste Etage bei Sonnenaufgang auf. Dann können Sie genau den Moment abwarten, in dem die ersten Strahlen der genau gegenüber aufgehenden Sonne die schäumende Flut in ein Band aus purem Gold verwandelt. Eine

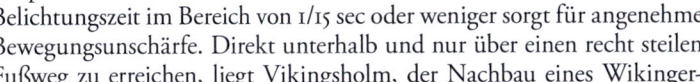

Emerald Bay und Fanette Island

Belichtungszeit im Bereich von 1/15 sec oder weniger sorgt für angenehme Bewegungsunschärfe. Direkt unterhalb und nur über einen recht steilen Fußweg zu erreichen, liegt Vikingsholm, der Nachbau eines Wikinger-

schlosses. Zwischen Juni und September können Sie es besichten und den schönen Blick über den See genießen. Die Emerald Bay hinter sich lassend können Sie im wiederum nicht weit entfernten D.L. Bliss State Park an der Ostseite des Lake Tahoe sogar mit dem Fahrzeug zu den schönen Stränden von Bliss Beach und Rubicon Point gelangen. Hier können Sie einen alten hölzernen Leuchtturm besichtigen und in bemerkenswerten Felsformatio-

Die Grizzly Falls über der Emerald Bay

nen herum klettern. Der weitere Weg nach Norden führt ab Tahoe City über die Rt-28 und in der Ortschaft lohnt es sich zum Dollar Point auf der vorgeschobenen Landspitze abzuzweigen. Haben Sie das nördliche Ende

des Sees bei Crystal Bay erreicht, lohnt es sich unbedingt kurz auf die Rt-431 abzuzweigen. Von dem Parkplatz 3 mi hinter der Kreuzung haben Sie am Morgen den besten Blick über die ganze Länge des Sees und die Gipfel der Sierra im Hintergrund. Zurück auf der Rt-28 erreichen Sie nach wenigen Meilen mit der Ponderosa Ranch den Drehort der wohlbekannten Serie Bonanza. Zwischen April und Oktober können Sie die Kulissen besichtigen. Wenn

Cave Rock SP auf der Ostseite des Lake Tahoe schaut in den Sonnenuntergang

Ponderosa Ranch, der Drehort des Klassikers *Bonanza*

Sie bis Mittag hier angekommen sind, können Sie nun den frühen Nachmittag am Strand des Lake Tahoe Nevada State Parks vertrödeln und gelangen immer noch pünktlich zum Sonnenuntergang in die Gegend von Cave Rock und Zephyr Cove. Beide Standorte eignen sich gut, um den von photogenen Felsen durchbrochenen Wasserspiegel vor die noch von einem feuerroten Abendhimmel überragte Kulisse der Sierra zu stellen. Darüberhinaus sind es nur noch wenige Meilen zurück nach South Lake Tahoe, dem Ausgangspunkt. Wenn Ihnen während Ihres Aufenthalts nicht der Sinn nach dem Auto steht, ist eine Fahrt mit der Trambahn hinauf zum Heavenly Skigebiet 600 m oberhalb von South Lake Tahoe zu empfehlen - der Ausblick auf die im Nordwesten liegenden Gipfel der Sierra ist am frühen Morgen wahrhaftig spektakulär!

Wasser in Bewegung

Wenn Sie als Photograph vor einem Fluß, einem Wasserfall oder der Ozeanbrandung stehen haben Sie immer zwei Möglichkeiten diese aufzunehmen: messerscharf mit scheinbar eingefrorenen Wassertröpfchen, oder poetisch weich verschwommen. Was auch immer Sie bevorzugen, machen Sie´s richtig und lassen Sie keinen Zweifel an Ihrem kreativen Ansatz aufkommen!

Die scharfe Variante erfordert eine recht kurze Belichtungszeit und Aufmerksamkeit im Umgang mit der selektiven Schärfe großer Blendenöffnungen. Das Gegenteil ist der Fall, wenn Sie die Bewegung des Wassers im Bild deutlich machen wollen. Dann sollte eine Zeit kürzer als $^1/_{15}$ Sekunde, idealerweise zwischen 5 und 15 Sekunden, gewählt werden. Eine kleine Blende oder ein Neutralgraufilter verhelfen auch im hellen Mittagslicht dazu. Kleine Cascaden in einem Bachlauf sind wunderbare Details, denn dort wo das Wasser den geringen Höhenunterschied fallend überbrückt reichert es sich mit Luftblasen an, die in der Langzeitbelichtung zu kleinen weißen Wirbeln verlaufen. Als kontrastierendes Element zu dem unscharfen Fluß des Wassers sollten scharf abgebildete Elemente im Bild nicht fehlen. Die Wasserfläche des Ozeans und vor allem die Brandung sind weitere Motivbereiche an denen sich Spielereien mit der Belichtungszeit lohnen. Eine Belichtungszeit von mehreren zehn Sekunden beispielsweise läßt das Seewasser zu einem glatten Spiegel verlaufen. Die an den Strand rollende Brandung repräsentieren einen ganz eigenen Mikrokosmos in dem keine Welle ihrer Vorgängerin gleicht. Perfekte Motive, um sie detailscharf aus ihrer Umgebung zu lösen. Gleich zwei Arten der Bewegung können Sie im Bild vereinen, wenn Sie die Kamera bei einer Zeit von $^1/_{15}$ Sekunde, oder länger, mit dem Wellenkamm mitziehen. Ein statisches Element, wie ein Fels auf diesem Weg, verstärkt nur noch das Gefühl der wirbelnden Bewegung.

Sequoia- und Kings Canyon National Parks

- Höhenlagen zwischen 1412 m am Cedar Grove Visitor Center am Kings River und 4417 m am Mount Whitney
- Sequoia NP zählt pro Jahr im Schnitt 1,2 Millionen Besucherwährend Kings Canyon NP von 650 000 Menschen frequentiert wird
- Die Sommermonate markieren die Hauptreisezeit

„Der mittlere und südliche Arm des Kings River entspringen in der zerklüfteten High Sierra, nördlich der Grenzen des Sequoia National Park; die beiden Gebiete zusammen bilden eine der zerklüftetsten und schönsten Landschaften Amerikas."
Ansel Adams, *An Autobiography*

Wie, Wo, Was

Ein Duft nach Eichenbäumen und trockenem Gras liegt in der auch Ende September noch sehr warmen Luft. Das Licht ist von eigenartig feiner Qualität, gleichmäßig gestreut vom niedrigen Buschland und seit vielen Meilen verläuft die Straße parallel zum blauen Band eines Flusses, dessen Gurgeln man von Zeit zu Zeit durch das offene Wagenfenster vernehmen kann. - Kein Zweifel, nach der Wüstenlandschaft des Death Valleys, dem weiten Owens Valley und dem ersten Anstieg durch die Kette der Sierra ist die offene Landschaft der Foothills auf deren Westseite erreicht. Aber kaum das man Zeit hätte den berauschenden Frieden zu genießen, schraubt sich die Straße vom Südeingang des Sequoia National Parks schon wieder in engen Kehren hinauf ins Wunderland der uralten, urtümlichen Bäume. Und hat man den Anstieg gemeistert, schaut man die mächtigen Stämme zum ersten Mal, wird schnell klar: Diese Riesen können nicht bei ihren gemeinen Verwandten im Tal stehen!

Sequoias gedeihen auf natürliche Art nur in rund 75 Groves, kleinen Wäldchen, an den Westhängen der Sierra Nevada. Nach ihrem reinen Holzvolumen bemessen sind die zur Art Sequoiadendron giganteum gehörenden

Diagonalen bringen Dynamik ins Bild und betonen die Höhe der Sequoiastämme

39

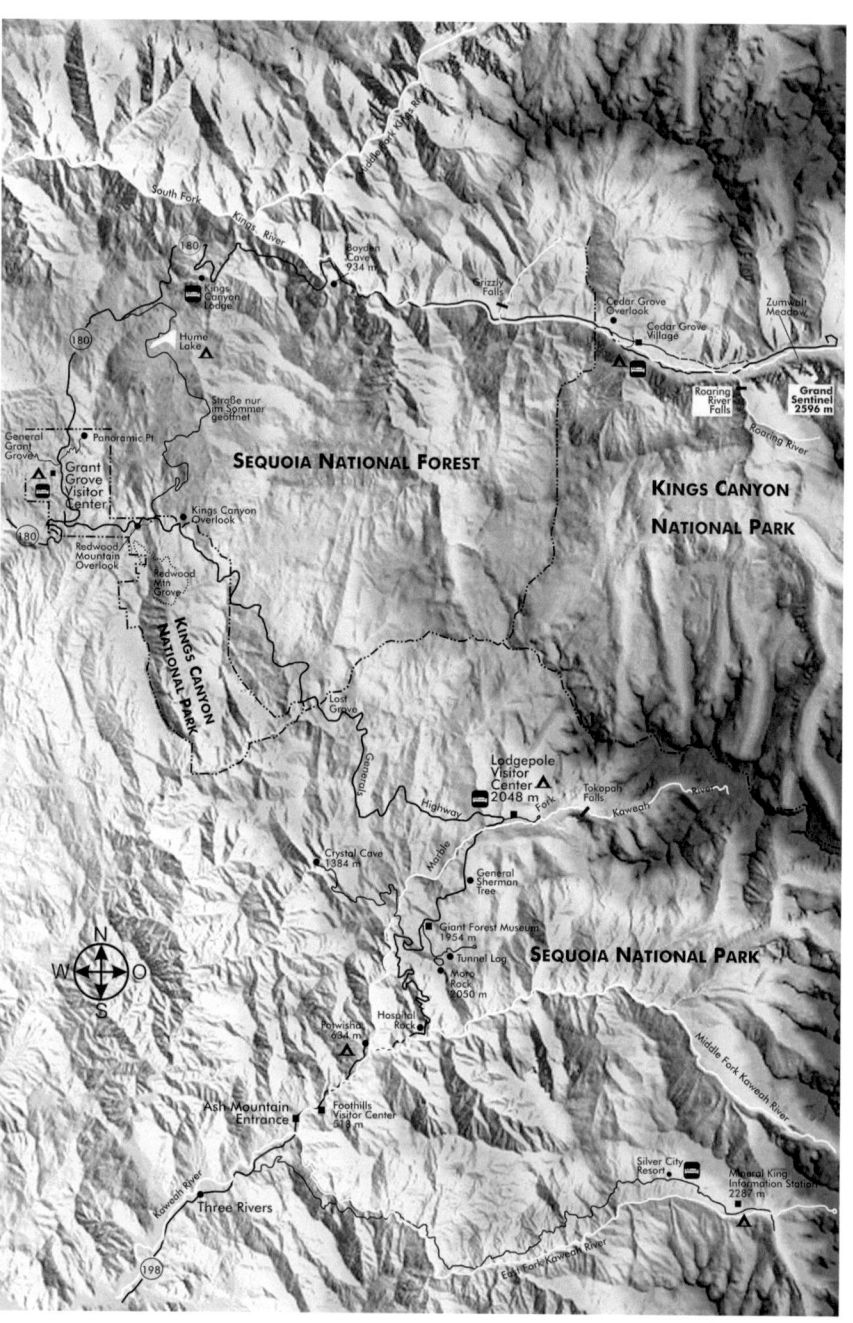

Bäume die größten Lebewesen der Welt. Ihre hohe Lebenserwartung von bis zu 3200 Jahren verdanken sie vor allem ihrer Borke, die sie durch chemische Inhaltsstoffe vor Pilzen und Insekten und aufgrund ihrer Stärke auch vor Bränden schützt. Wenn die maximal 95 m hohen Giganten fallen, liegt das meist an Windbruch, verursacht durch ihr flaches Wurzelsystem. Wie ihre Verwandten die Redwoods, brauchen auch die Sequoias die Hitze eines Waldbrandes, damit ihre Zapfen die Samenkapseln freigeben.

Sequoia- und Kings Canyon National Park grenzen aneinander und haben beide dieselbe Aufgabe: Das zerbrechliche Ökosystem der unterschiedlichen Höhenlagen und die eindrucksvolle Berglandschaft der Sierra Nevada für immer vor dem menschlichen Eingriff zu schützen und uns den Wert dieser unberührten Natur nahezubringen. Sequoia behütet dabei die größten Ansammlungen der mächtigsten Exemplare dieser Mammutbäume, Kings Canyon lockt mit einem der spektakulärsten und tiefsten Canyons der USA und aufregend schnell fließendem Wasser. Beiden gemein sind die weiten Wildblumenflächen, die die Landschaft zur besten Besuchszeit vom Frühjahr bis in den Sommer zieren sowie die relative Unerschlossenheit des Terrains. Nur wenige Straßen penetrieren sie, wer mehr sehen will, muss laufen.

Wegweiser

Die Gemeinschaft des Doppelparks erstreckt sich über 100 km von Norden nach Süden und in einer Breite von 25-55 km von Westen nach Osten. Der nordwestliche Zipfel des Sequoia National Parks kann auf einem Bogen über die Rt-198 (Generals Highway) durchfahren werden, die in die Rt-180 übergeht. Diese führt in westlicher Richtung nach Fresno und endet im Osten als Kings Canyon Scenic Byway nach wenigen Meilen in der Sackgasse des gleichnamigen Canyons. Dies sind zugleich die einzigen asphaltierten Strecken in beiden Parks. Ihr bei weitem überwiegender Teil ist nur zu Fuß zugängliche Hochgebirgslandschaft, durchsetzt von unzähligen Flüssen und Seen.

Übernachten können Sie in Sequoia auf sieben Campingplätzen (vier davon bieten auch Stellplätze für Wohnmobile) oder in den weichen Betten der Wuksachi Lodge. Kings Canyon bietet ebenfalls sieben Campingplätze (alle mit Stellplätzen für Wohnmobile, aber First come-First served) und die Lodges Grant Grove Cabins & John Muir sowie Cedar Grove.

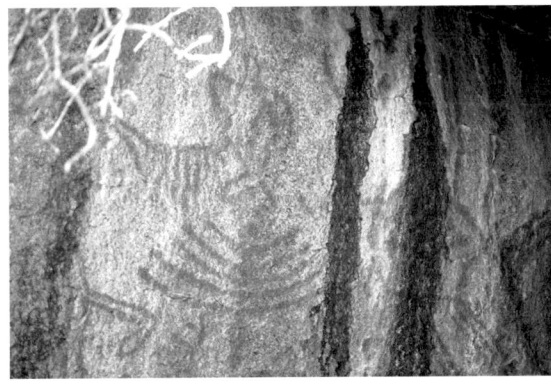

Authentische Pictographien am Hospital Rock

41

Sequoia-Panorama im Grant Grove

Die Saison dauert in beiden Parks üblicherweise von Mitte Mai bis Ende September. Während des Winters erreichen Sie über die Rt-180 von Westen aus nur Grand Grove und Lodgepole Village, der weitere Verlauf hinunter in den Kings Canyon ist dann gesperrt. Kraftstoff bekommen Sie im privaten Silver City Resort ganz im Süden des Sequoia National Parks sowie am Hume Lake Camp und an der Kings Canyon Lodge im nördlich angrenzenden National Forest. Für Wohnmobilisten sei darüber hinaus noch angemerkt, dass Fahrzeuglängen von mehr als 22 ft auf dem südlichen Abschnitt des Generals Highways zwar nicht empfohlen werden, bis zu 30ft aber keine wirklichen Probleme zu erwarten sind.

Im Sequoia Nationalpark verbinden von Juni bis Anfang September vier kostenlose Shuttlebuslinien die wichtigsten Attraktionen, so dass Sie Ihr Fahrzeug abstellen und sich problemlos fortbewegen können. Linie 1 fährt vom Giant Forest Museum zum Lodgepole Campground, Linie 2 vom Giant Forest Museum zur Crescent Meadow, Linie 3 vom Lodgepole Campground zur Wuksachi Lodge und Linie 4 vom General Sherman Tree Trailhead nach Wolverton. Alle Linien verkehren etwa zwischen 9:30 und 18:00 Uhr. Die Bedingungen können sich von Jahr zu Jahr ändern, daher sollten Sie sich in der kostenlosen Parkzeitung oder auf der Website über den aktuellen Fahrplan informieren.

So Sie aus dem Death Valley kommend einen extra Tag für den schönen Lake Isabella einplanen können, sollten Sie sich den Besuch der beiden nahegelegenen Orte Keyesville und Silver City nicht entgehen lassen. Obwohl von ganz unterschiedlicher Natur, konservieren beide auf ihre Art einen interessanten Teil der Geschichte des Kern County.

Silver City ist als eine Art privater Park mitten im Ort Lake Isabella gelegen (3829 Lake Isabella Boulevard, zwischen Mitte Mai und Mitte September geöffnet Montag bis Sonntag zwischen 10:00 und 16:00). Mehr als 20 historische Gebäude wurden hier seit den 1960er Jahren aus der ganzen Umgebung herbeigeschafft und sorgfältig instand gesetzt, um die Siedlungs- und Minengeschichte zu dokumentieren. Damit ist das Ensemble zwar nicht völlig authentisch, gibt in seiner Gesamtheit aber einen guten Eindruck vom Leben in einer abgeschiedenen Region in der zweiten Hälfte des 19. Jahrhunderts.

Keyesville liegt 2 mi nördlich der Kreuzung von Rt-178 und Rt-155 an der Keyesville Road und die über die Hügelflanken verteilten Minencamps waren im Jahre 1854 die ersten Ansiedlungen in diesem Gebiet. Aufgrund drohender Indianerüberfälle wurde die einsam gelegene Mine 1856 als Fort befestigt und mit Soldaten verstärkt. Seine Reste sind noch erhalten, während die Überbleibsel der wenigen anderen Gebäude jüngeren Datums sind.

Photographische Besonderheiten

„Im Allgemeinen mag ich keine Fotos von Wäldern, weil sie so oft konstruiert wirken. Das Auge des Fotografen kann wunderbar zufälligen Anordnungen von Bäumen einen Anschein von Offenheit und Ordnung geben, der einfach nicht vorhanden ist. Die Alternative - ein unordentliches, überladenes Foto - ist noch schlimmer."
Galen Rowell, *Mountainlight*

Die Sequoias und Redwoods sind aufgrund ihrer Höhe nur schwer unverzerrt aufzunehmen. Um dies zu erreichen, müssen Sie sich als Kleinbildphotograph also entsprechend weit vom Motiv entfernen oder ein aus der Architekturphotographie bekanntes Shiftobjektiv verwenden. Letzteres gleicht die stürzenden Linien bei einer aus der waagerechten verschobenen Kamera zum großen Teil wieder aus. Viele Bildbearbeitungsprogramme bieten zudem die Möglichkeit der nachträglichen geometrischen Entzerrung. Zum Größenvergleich platzieren Sie am besten einen Gegenstand bekannter Größe, einen Menschen oder ein Auto, im Vordergrund. Viele publizierte Bilder zeigen auch nur einen Ausschnitt des Baums im Hochformat oder mehrere nebeneinander im Querformat. Geben Sie den Bildern Tiefe, indem Sie einen der vielen Findlinge oder einige der bodennahen Farne mit einbeziehen. Letztere setzen mit ihrer markanten Herbstfärbung zusätzliche Akzente. Die seitliche Beleuchtung am Morgen oder späten Nachmittag lässt die typische rote Farbe der Rinde deutlich hervortreten, verstärkt aber auch den Kontrast zwischen der Oberfläche und den tiefen Furchen. Dies gleicht das indirekte Licht eines bedeckten Tages gut aus, so dass mehr Details zu erkennen sind. Wenn Sie entlang dem Baum im Hochformat hochphotographieren, wählen Sie die Seite, die sich im Licht befindet und stellen Sie nicht seine Schattenseite vor den Himmel. Die zahlreichen heruntergefallenen Zapfen geben dankbare Makromotive ab.

Sequoia National Park - Motive am Generals Highway und im Giant Forest

„Als ich diese erhabene Wildnis betrat, war der Tag fast vorbei, die Bäume mit ihren rosigen, leuchtenden Gesichtern schienen still und nachdenklich zu sein, als warteten sie in bewusster religiöser Abhängigkeit von der Sonne, und man ging ganz natürlich sanft und ehrfürchtig zwischen ihnen umher."
John Muir über den Giant Forest

Generals Highway ist der Name, den die Rt-198 ab dem Ash Mountain Eingang des Sequoia National Parks im Westen trägt. Schon nach 5 mi können Sie am Hospital Rock halten und eine kleine Anzahl indianischer Pictographien studieren. Mit roter Farbe wurden sie an recht gut zugänglicher Stelle auf den großen Monolithen gemalt, so dass sie schon ein leichter Aufhellblitz gut zur Geltung bringt. Die nun anstehenden 1400 m Höhenunterschied hinauf zum Giant Forest werden in der Abfolge vieler enger Serpentinen bewältigt.

Vom Amphitheater Point, auf halbem Weg nach oben gelegen, haben Sie einen wunderbaren Blick auf die Landschaft der Foothills im Tal und die bereits hinter Ihnen liegende Strecke auf Moro Rock und die Höhenzüge der Sierra im Norden sowie die prominenten Castle Rocks im Osten. Das beste Licht herrscht hier in der zweiten Tageshälfte, wenn die Sonne hinter Ihnen im Westen steht. Kurz bevor Sie die Hochfläche erreichen, zweigt bei Meile 15 die schmale Stichstraße zur 7 mi entfernten Crystal Cave nach Norden ab. Dies ist neben Boyden Cave weiter im Norden an der Rt-180 die einzige der zahlreichen Höhlen im Park, die für Besucher zugänglich ist. In ihrem Innern können Sie neben beeindruckenden Kalksteinformationen vor allem die Formenvielfalt der typischen Stalaktiten (wachsen von der Decke) und Stalagmiten (wachsen vom Boden) mit dem Blitzgerät oder der Taschenlampe (Stative sind verboten) in gute Bilder verwandeln. Tickets bekommen Sie für 11 $ bei mindestens 90 min Vorlaufzeit nur im Foothills- oder Lodgepole Besucherzentrum. Die schmale Zufahrtsstraße ist nur für Fahrzeuge bis zu 20 ft Länge freigegeben.

Mit dem Giant Forest haben Sie auf 1954 m nun den ersten der so genannten Sequoia Groves, jene Haine in denen bemerkenswerte Populationen dieser Bäume beisammen stehen, erreicht. Hier schlug

Kings Canyon im Gegenlicht

ursprünglich das Herz des Parks, waren die Verwaltung, Unterkunfts- und Versorgungsmöglichkeiten für die Besucher angesiedelt. Aber der National Park Service besann sich eines Besseren. Die Einrichtungen wurden dezentralisiert, das arg in Mitleidenschaft gezogene Gelände

renaturiert, aus Shops und Restaurants wurden Museen.

Die hier über 2,5 mi nach Osten abzweigende Crescent Meadow Road führt zu einigen bemerkenswerten Orten. Zuerst erreichen Sie Auto Log, einen umgestürzten mächtigen Sequoiastamm, auf den Sie mit Ihrem PKW fahren und so die Größen im Vergleich zueinander zeigen können. Bei Meile 1,5 zweigt eine kurze Rundstraße zum Moro Rock Parking Area

360° Panorama: Moro Rock liegt hoch genug, um die Kette der Sierra Nevada zu überblicken

ab, von wo 400 Steinstufen hinauf zur Aussichtsplattform führen. Mit 2050 m Höhe ist die Granitspitze des Moro Rock die höchste Erhebung in diesem Teil des Parks und bietet einen spektakulären

360° Ausblick über die umliegenden Höhenzüge und an besonders klaren Tagen bis zur Coast Range weit im Westen. Am dramatischsten sind die Photomöglichkeiten zum Sonnenuntergang, wenn die letzten Sonnenstrahlen die Bergspitzen der Sierra im Osten aufleuchten lassen. Kurz danach können Sie den roten Sonnenball dann über die sich scheinbar unendlich weit fortsetzende

Moro Rock - Sonnenuntergang über der Sierra

Grant Grove, Parade der Giganten

Abfolge der Bergkämme im Westen stellen. Ein Grauverlauffilter ist hier unverzichtbar, um den großen Kontrast zu den schon im Schatten liegenden Tälern zu überbrücken. Digitalphotographen können aletrnativ auch zwei oder drei Bilder mit zwei Belichtungsstufen Unterschied aufnehmen und später am PC mittels Ebenenmasken zusammenfügen, um den großen Kontrast auszugleichen. Zurück auf der Crescent Meadow Road können Sie als Nächstes an der Parker Group Halt machen. Die Sequoias dieser Gruppe stehen besonders photogen nebeneinander und regen dazu an, Details und Halbtotalen auszusondern. Direkt nebenan finden Sie Tunnel Log, einen ebenfalls gefallenen Stamm, den Sie zur Abwechslung mit Ihrem Auto unterfahren können. Die schmale Straße endet eine knappe Meile weiter am Crescent Meadow Parking Area. Von hier können Sie auf verschiedenen Wanderwegen rund um Huckleberrey Meadow und Crescent Meadow wandern (2-3 Std., um beide zu umrunden). Die Wiesen sind vor allem im Frühsommer mit weiten Wildblumenbeständen bedeckt, die den umstehenden Sequoias einen farbenfrohen Vordergrund bescheren. Ein weiterer Weg führt nach Nordosten zum Tharps Log, einem ausgehöhlten Stamm,

Grant Grove, Parade der Giganten

der Trappern in früheren Zeiten als Unterstand diente. Wenn Ihnen der Weg hinauf zum Moro Rock zu beschwerlich ist, können Sie alternativ von hier den Eagle View erwandern (1,6 km und flach), von dessen vorgeschobener Lage Sie gute Ausblicke auf die Höhenzüge der Western Divide genießen können.

Nur 2,5 mi nördlich des Giant Forest Museums passiert der Generals Highway mit dem General Sherman Tree das Herz des Giant Forests. Bei 83,8 m Höhe, 31,3 m Umfang und geschätzten 1486 m3 Holzvolumen bezeichnet man ihn als der Welt größtes Lebewesen. Gut für Photographen: Der Riese steht im Gegensatz zu seinen meisten anderen Verwandten recht frei und kann so gut ins Bild gesetzt werden. Der 3,2 km lange Congress Trail (2 Std. Spaziergang) führt von hier durch die Umgebung zu so markanten Riesen wie dem besonders verwachsenen

Chief Sequoyah und zur House- und Senate Group. - Viel Stoff und Platz, um sich die Beziehungen der Bäume untereinander in den unterschiedlichsten Ansichten zu erarbeiten. Die nächste lohnende Station ist das Lodgepole Village, von wo aus Sie auf einem 2,7 km langen Wanderweg (152 m Höhengewinn, 2-3 Std.) die Tokopah Falls im Granitarm des Kaweah River erreichen. Dies ist kein einzelner Wasserfall im klassischen Sinn, sondern eine Serie kleinerer Fälle, die sich über den massiven Granit ergießen. Das reiche Schmelzwasser im Frühjahr macht sie besonders eindrucksvoll. Hinter Lodgepole Village gibt es entlang des Generals Highways kaum noch Sequoias oder Redwoods zu sehen, hier herrschen Bergkiefern, Fichten und Tannen vor. Auf diesem Stück erreicht die Straße maximale Höhen von über 2100 m.

Schiere Größe: Ein Mammutbaum

Lost Grove markiert die Grenze des Sequoia National Parks. Hier finden sich mehr als 400 Riesensequoias. Keine Rekordgrößen, aber ein kurzer Wanderweg führt zu einigen schönen Exemplaren. Ein Stück weit durchquert der Generals Highway nun den Sequoia National Forest. Hier wird die umgebende Landschaft zusehends felsiger. Leider gibt's entlang der schmalen Straße keine Parkmöglichkeiten, um die hellen Felsen zur aktiven Vordergrundgestaltung zu nutzen. Mit dem Kings Canyon Overlook ist dann der isoliert liegende Grant Grove Teil des Kings Canyon National Parks erreicht und gibt auch gleich einen spektakulären Ausblick auf den weit unten liegenden Kings Canyon frei. Bei Quail Flat zweigt eine Alternativroute zum Hume Lake und zur Rt-180 nach Norden ab, die Grant Grove Village umgeht. Auf der anderen Seite geht's über eine drei Kilometer lange Staubstraße hinunter zum Redwood Mountain Grove, dem mit rund 16 000 Exemplaren größten Sequoiahain der Welt. Er verdankt seine Größe dem jahrzehntelangen Einsatz gezielter Waldbrände, die das Unterholz regelmäßig ausdünnten.

Die Wildblumensaison beginnt in Sequoia schon im März in den Foothills mit der Blüte von Lupine, White Popcorn und Yellow Poppy. Mai und Juni bringen die Farben dann auch in die höheren Lagen der Sequoia Groves. Besonders bemerkenswert sind die weißen Yuccablüten und der rote Indian Paintbrush.

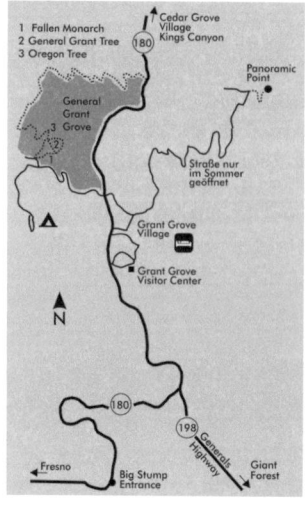

Kings Canyon National Park - Motive im Grant Grove

Grant Grove ist der letzte große Sequoiahain, bevor die Straßen nach Norden und Westen die Höhenlagen verlassen. Besonders bemerkenswert sind der 81,4 m hohe, 12 m umfangende und 2000 Jahre alte General Grant Tree, das drittgrößte Lebewesen der Welt und gleichzeitig der nationale Weihnachtsbaum der USA sowie der General Robert E. Lee Tree und der Oregon Tree. Ein leichter Rundwanderweg von 1,6 km Länge führt durch das Wäldchen. Der Fallen Monarch, ein vor Jahrzehnten gefallener, ausgehöhlter und begehbarer Stamm, ist eine gute Möglichkeit, die Dimensionen dieser Bäume mit einem Menschen im Inneren deutlich zu machen. Ein wenig Blitzaufhellung hilft dabei.

Gegenüber dem Grant Grove zweigt eine schmale Stichstraße zum exponiert gelegenen Panoramic Point ab. Der Name hält, was er verspricht. Weit geht der Blick von hier nach Norden zur Monarch Divide und nach Osten zu den Höhen der Great Western Divide. Die Blickrichtung gibt den frühen Abend als besten Zeitpunkt vor. Hinter Grant Grove führt die Rt-180 über 40 mi und noch mehr Serpentinen in den 600 m tiefer gelegenen Kings Canyon hinunter. Entlang der Straße gibt es auf beiden Seiten einige Aussichtspunkte mit spektakulärem Blick auf die Höhenzüge im Norden und Osten.

Kings Canyon National Park - Motive am Kings Canyon Scenic Byway (Rt-180)

„In der riesigen Sierra Wilderness, weit südlich des berühmten Yosemite, gibt es ein noch größeres Tal der gleichen Art. Es liegt an der südlichen Gabelung des Kings River im Schatten der höchsten Berge des Gebirgszugs, wo die Schluchten am tiefsten und die schneebedeckten Gipfel am dichtesten aneinandergedrängt sind. Die allgemeinen Merkmale sind jedoch wunderbar gleich, und sie stehen in der gleichen Beziehung zu den Quellen der alten Gletscher über ihnen."
John Muir, Century Magazine 1891

Aus der Höhe sieht man es ganz deutlich: Einem großen V gleich fließen Middle- und South Fork des Kings Rivers um das Massiv der Monarch Divide. V-förmig sind auch die erkennbaren Canyons der beiden Flüsse. Unterhalb des Spanish Mountains erreicht der Kings Canyon eine Tiefe von mehr als 2400 m und hält damit den nordamerikanischen Rekord. Doch stößt man weiter ins Herz des Parks vor, erkennt man die ursprüngliche U-Form des Tals und damit auch seine glaziale Herkunft immer besser. - Gewaltigen Hobeln gleich haben Gletscher hier vor Jahrtausenden gearbeitet und der Erosionskraft des fließenden Wassers den Boden bereitet.

Vorbei an der Kings Canyon Lodge führt der Scenic Byway zum

Yucca Point, der nur vier Fußkilometer vom Zusammenfluss der South- und Middle Fork entfernt liegt. Noch nutzt die Straße den komfortablen Raum, den der Canyon bietet, doch mit der markanten Nase des Horseshoe Bend verengt sich die Schlucht zur nur noch 60 m breiten Klamm und zwingt den Asphalt nah an die schäumende Gischt. An der aus dem Granit gewaschenen Boyden Cave wechselt die Straße die Flußseite und nach weiteren 5 mi sind die Grizzly Falls erreicht. Der kurze Weg zum Wasserfall lädt zum Verweilen und Verarbeiten der bis hier gesammelten Eindrücke ein. Nur wenige Meilen weiter ist wieder die Grenze des Kings Canyon National Park erreicht, bis hier führte die Rt-180 durch den Sequoia National Forest. Mit dem Erreichen von Cedar Grove Village ist der enge Abschnitt überwunden und die Schlucht weitet sich wieder. Besonders gut dokumentiert dies der erhöht gelegene Cedar Grove Overlook. Ihn erreichen Sie zu Fuß ab dem Village (8 km hin und zurück, 365 m Höhenunterschied, 3-4 Std.) und der spektakuläre Blick über die Länge des Canyons lohnt den in Teilen beschwerlichen Weg. Die folgenden Aussichtspunkte verteilen sich in Hinblick auf Zeit und Beleuchtung exzellent auf einen Nachmittag und den Sonnenuntergang, da der Canyon ziemlich genau von West nach Ost orientiert ist. 1 mi hinter Cedar Grove Village passieren Sie den Aussichtspunkt Canyon View, von wo aus die von Gletschern geschaffene U-Form des Tals im Osten besonders augenfällig ist. Noch einmal 2 km weiter in Richtung Straßenende weist ein Schild nach Süden zu den Roaring Falls, die beinahe das ganze Jahr über Wasser führen. Der Weg zu dem 25 m hohen Wasserfall ist kaum der Rede wert. Über einige große Findlinge hüpfend gelangt man problemlos in die Mitte des Pools und in die beste Aufnahmeposition. Der letzte und beinahe beste Aufnahmestandpunkt entlang der Straße ist Zumwaldt Meadow. Steht man nach dem gut 2 km langen Wanderweg in ihrer Mitte möchte man meinen, dass ein so idyllischer Ort nur der Phantasie entspringen könne: Helles Schilfrohr wechselt sich mit saftigem Gras und großen

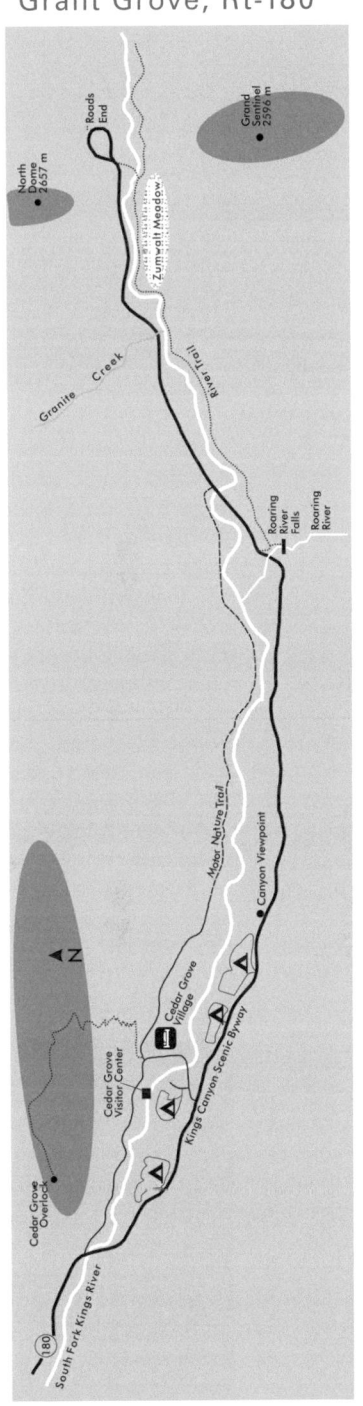

Zumwalt Meadow und North Dome

Findlingen ab, beinahe lautlos strömt der Kings River vorbei, hohe dunkle Tannen säumen Rand der Wiese und die mächtigen Formationen North Dome (2657 m) und Grand Sentinel (2596 m) wachsen im Osten über sie hinaus. Halten Sie bis zum Sonnenuntergang aus, können Sie die grandiose Rotfärbung der letzten Sonnenstrahlen auf diesen beiden Wächtern bestens mit dem Schilf oder dem Fluss im Vordergrund kombinieren. Ein Ensemble, das auch schon im flachen Nachmittagslicht seine Wirkung entfaltet. Mit dem Blick zurück nach Westen können Sie an der Nordseite des Canyons eine steile Felswand gegen den Sonnenuntergang stellen, die in ihrer Form an El Capitan im Yosemite National Park erinnert. Zumwaldt Meadows´ Untergrund besteht übrigens aus dem weichen Sediment eines alten Sees, was man abseits des mit Holzplanken bewehrten Weges immer wieder spürt. Auf dem Rückweg zum Village drängt sich der 3 mi lange Motor Nature Trail geradezu auf. Die Schotterpiste verläuft als Einbahnstraße auf der Nordseite des Kings River und gibt reichlich Gelegenheiten, die Canyonlandschaft auch von dieser Seite aus photographisch einzuordnen. Vom Befahren mit Wohnmobilen o.ä. ist allerdings abzuraten.

Auf dem Rückweg nach Westen aus dem Canyon hinaus ist es ratsam möglichst früh am Morgen zu starten, denn genauso, wie die Sonne

am späten Nachmittag auf den Eingang der Schlucht scheint, können Sie dieses Motiv dann von der Höhe der Rt-180 aus in ein dramatisches Gegenlicht stellen. Vom selben Standort aus können Sie dann auch ein tolles Bild des wunderbaren Streiflichts auf den Höhenzügen des Monarch Wilderness Areas machen. Die Belichtung auf analogem Silberfilm ist aufgrund der großen Helligkeitsunterschiede in beiden Fällen tricky. Suchen Sie sich als Ausgangspunkt einen Flecken mittlerer Helligkeit auf den grauen Felsen und arbeiten Sie sich bis zu +/- 1,5 Belichtungsstufen in ½ Schritten um ihn herum. Damit kann sein digitaler Kollege natürlich auch arbeiten, aber prinzipiell hat es besser, denn er braucht sich nicht um genaue Werte zu scheren. Eine schnelle Aufnahmeserie aus richtiger Belichtung und +/- 2 Belichtungsstufen, die später am Computer mittels Dynamic Range Increase zu einem pseudo High Dynamic Range Image (HDRI) kombiniert wird, erleichtert ihm das Leben.

„Pseudo", weil dabei in einem 8 Bit Format gespeichert wird, das für jeden Farbkanal nur 256 Helligkeitsstufen zur Verfügung stellt. Um den tatsächlich vorhandenen Helligkeitsumfang zu speichern, so wie es echte HDR-Bilder tun, sind aber mehr Bits, also mehr Helligkeitsstufen, notwendig. Unter- und Überbelichtung sollten durch Verlängern oder Verkürzen der Belichtungszeit

Die feinen, kleinen Roaring Falls am Beginn des River Trails

nicht aber durch Ab- oder Aufblenden realisiert werden. Letzteres verändert auch die Schärfentiefe, und das ist selten gewünscht. Bei zu stark bewegten Motiven hilft auch folgender Trick bei der RAW-Entwicklung des Bildes: Man entwickelt einmal auf die Lichter und einmal auf die Schatten, so dass man zwei Bilder hat, die im jeweiligen Bereich Zeichnung aufweisen. Beide werden dann, wie zuvor, im Bildbearbeitungsprogramm zu einem Einzigen kombiniert, das die gewünschte Charakteristik aufweist. - Die Ergebnisse sind das frühe Aufstehen auf jeden Fall wert!

Minimalprogramm und Tagesablauf

Eine Nacht sollten Sie schon entlang des Generals Highways im Sequoia National Park verbringen, um ein wirkliches Gefühl für die Stille in der Mitte dieser Mammutbäume zu bekommen. Eine weitere Nacht in der Tiefe des Kings Canyon sollte auch das Verständnis dieser Landschaft fördern.

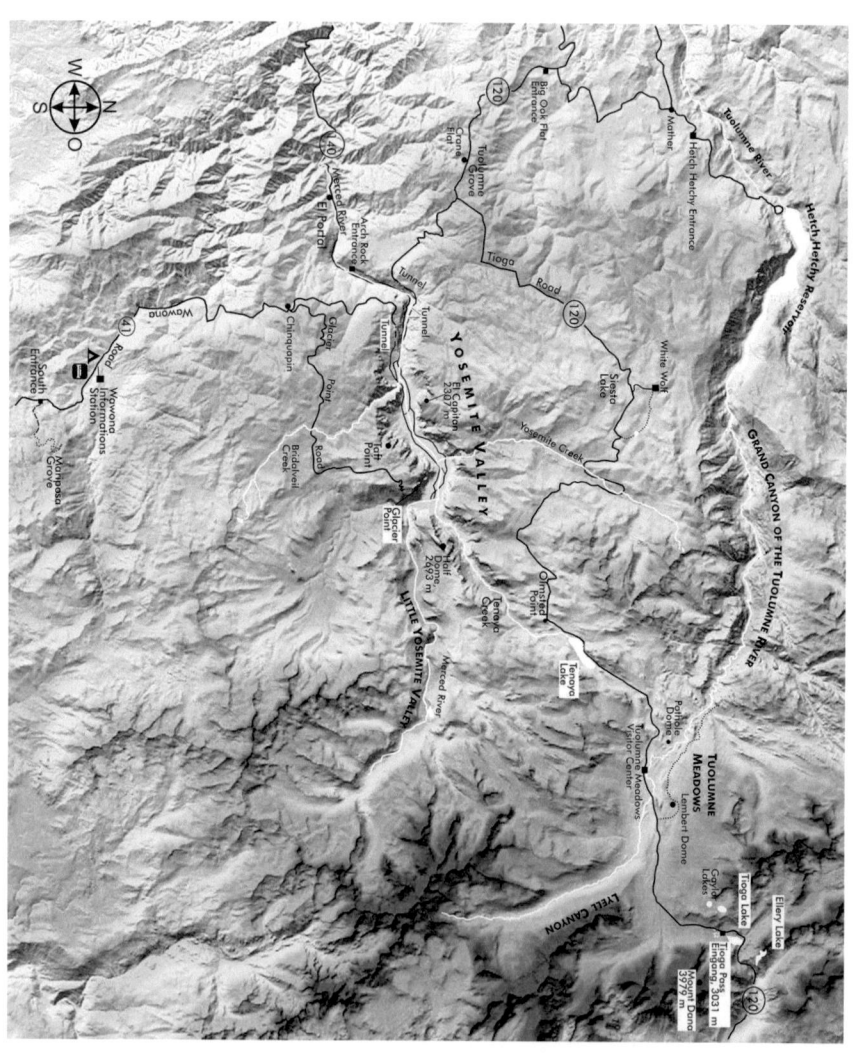

Yosemite National Park

- Höhenlagen zwischen 1230 m im Yosemite Valley, 3031 m am Tioga Pass und 3997 m am Mount Lyell
- Im Schnitt 3,7 Mio. Besucher pro Jahr, 90 % davon besuchen nur Yosemite Valley und halten sich weniger als einen Tag dort auf
- Die Hauptbesuchsmonate liegen zwischen Mai und August

..... Dieser erste Eindruck des Tals - weißes Wasser, Azaleen, kühle Tannenhöhlen, hohe Kiefern und stämmige Eichen, Klippen, die sich in ungeahnte Höhen auftürmen, die ergreifenden Geräusche und Gerüche der Sierra, das wirbelnde Treiben des Etappenstopps in Camp Curry mit seinen verwirrenden Aktivitäten von Trägern, Touristen, Büroangestellten und Berghühnern, und die dunkelgrün-helle Stimmung unseres Zelts - war eine so intensive Erfahrung, dass sie fast schmerzhaft war. Seit diesem Tag im Jahr 1916 ist mein Leben von der großen Erdgestalt der Sierra geprägt und moduliert worden."
Ansel Adams, *Yosemite and the Sierra Nevada*

Wie, Wo, Was

Was für ein Tal! Von der Höhe des Tunnel View Points ist der die leichte Biegung vorgebende Fluss zwischen den dichten grünen Tannen am Grund des Valley nur zu erahnen. Hört man hier oben die Gespräche vom hektischen Treiben in den Zelten, Hütten und Hotels dazwischen, man nimmt sie nicht für bare Münze. Die einander über kurze Distanz anstarrenden Wände der Schlucht sind kaum symmetrisch zu nennen, ergänzen sich aber doch zu einem natürlichen Ganzen. Nachdem man die Gesamtheit des beeindruckenden Panoramas geschaut hat, fällt der Blick auf die großen Landmarken im Vorder- und Hintergrund. War der erste Blick vielleicht flüchtig, so ziehen die beiden mächtigen Felsgesichter spätestens jetzt alle Aufmerksamkeit auf sich, werden größer und größer und verkörpern plötzlich allen Granit der Sierra. Hoch sind sie und massiv. Ihr Fels ist von beinahe unweltlicher grauer Farbe, die Wange des einen leicht genarbt, die des anderen glatt wie mit dem Messer geschnitten. Aus den Wortfetzen der Umstehenden hört man ihre Namen: El Capitan heißt der Nächstliegende, Half Dome der Entfernte. Gut gewählt möchte man rufen, verkneift es sich aber, um den Moment nicht zu ruinieren.

Yosemite, der Name hat einen eigenartig vertrauten Klang. Beinahe jeder hat schon von diesem

Wie viele andere Täler in der Sierra wurde auch Yosemite Valley von der Kraft der Gletscher aus dem Granit gehobelt. Sie sorgten auch für das einprägsame Gesicht von Half Dome und El Capitan

Bärig gut

Ursus americanus, amerikanischer Schwarzbär, so heißt die Art die die Höhenlagen unterhalb 2400 m in der Sierra Nevada bevölkert. So lange sie ihre natürliche Angst vor uns Menschen nicht verloren haben ziehen sie sich beim Kontakt zurück, so lange sie nicht an unsere Lebensmittel gewöhnt sind ernähren sie sich von Insekten, Eicheln, Gräsern oder Aas. Leider aber gibt es jedes Jahr wieder unachtsame Besucher die Lebensmittel oder Reste davon mehr oder weniger offen herumliegen lassen und die eigentlich wilden Tiere so anlocken. Später führt ihr sehr guter Geruchssinn sie dann zielsicher zu den in Rucksäcken, Mülleimern oder auch Autos verborgenen Leckereien. Das ist dann der Moment, in dem sie ihre Scheu verloren haben und uns gefährlich werden können. Solche Bären werden wenn möglich zunächst in abseits gelegene Gebiete umgesiedelt, müssen bei wiederholter Auffälligkeit aber erschossen werden. Dabei dürfen wir nicht vergessen, daß es nicht ihre Schuld ist, sie gehen nur den Weg des geringsten Widerstands den gar nicht erst zu öffnen unsere Aufgabe ist. Lebensmittel gehören also in die auf allen Campingplätzen in der Sierra vorhandenen metallenen Vorratsbehälter. Für Wanderungen im Hinterland können Sie geeignete kleinere Ausführungen in den Besucherzentren ausleihen. Lassen Sie keine Lebensmittel oder andere stark riechende Produkte wie Zahnpasta oder Sonnencreme in Ihrem Auto, auch nicht, wenn es auf einem eigentlich belebten Parkplatz abgestellt ist. - Die Erfahrung zeigt, daß sich Problembären nicht mehr von menschlicher Anwesenheit abschrecken lassen! Deponieren Sie alle Ihre Abfälle in bärensicher verschließbaren Abfallbehältern. Sollte Ihnen trotz aller Vorsichtsmaßnahmen doch mal ein Schwarzbär zu nahe kommen raten die Ranger dazu schnell zu reagieren, laute Geräusche zu machen und mit kleinen Steinen oder Stöckchen zu werfen. Sind Sie in einer Gruppe unterwegs, stellen Sie sich eng zusammen und halten Sie Äste hoch über Ihrem Kopf, um größer und abschreckender zu wirken. Treiben Sie das Tier aber nicht in die Enge, sondern lassen Sie immer eine Fluchtmöglichkeit offen.

Park gelesen oder Bilder gesehen. Die Berichte sind zumeist überschwenglich, die Photos zeigen eine rekordverdächtig schöne Landschaft, Highlight reiht sich an Highlight. Nicht zu Unrecht verknüpfen sich viele Vorstellungen und Ideale mit diesem Ort, denn Yosemite National Park bietet auf relativ engem Raum eine landschaftliche Zusammenfassung der ganzen Sierra Nevada. Mit dem Wechsel der Jahreszeiten ergibt sich ein abwechslungsreiches Bild: Das Frühjahr ist die Zeit der Schneeschmelze in den höheren Lagen. Der Wasserüberschuss und die ansteigenden Temperaturen sorgen ab April im Tal für frische Triebe und lassen die Wasserfälle bis Mitte Mai dramatisch anschwellen.

Der Merced River (gesprochen „Mer-zed") nimmt sich der Fluten an und führt sie in einem breiteren Bett aus der Schlucht. Das schnell fließende Wasser eignet sich besonders gut für Studien mit langer Belichtungszeit. Erst nach der Schneeschmelze im Mai werden die Tioga Road (Rt-120) und der Glacier Point wieder freigegeben. Die Sommermonate sehen den höchsten Besucherandrang im nur 1,6 km breiten und 11 km langen Yosemite Valley. Der Schneevorrat des Winters ist normalerweise bis Ende Juli verzehrt und die vor kurzem noch tosenden Wasserfälle verwandeln sich in schmale Gischtschleier oder stellen den Betrieb ganz ein. Diese Beruhigung kommt den kleinen Stauseen im Merced River zugute, die so hervorragende Spiegelungen von El Capitan oder Half Dome zeigen. Die Juli-

wärme verhilft den Wild-
blumen zu ausgedehnter
Blüte. Allen voran locken
die Toulumne Meadows
nahe dem Tioga Pass die
Besucher. Die beginnende
Herbstfärbung Anfang
Oktober läutet die ruhigere
Saison der kräftigen gol-
denen Laubfarben im Tal
ein, die ihren Höhepunkt
auch schon mal Anfang
November erreichen kann.
Spätestens dann wird die
Tioga Road aufgrund der
in den Höhenlagen einset-

Yosemite Valley und die Landmarken El Capitan links
und Half Dome Mitte hinten

zenden Schneefälle wieder geschlossen. Clearing Winterstorm nannte
Ansel Adams eines seiner eindrucksvollsten Bilder des Parks und der
SW-Druck gibt den Eindruck des frisch gefallenen Schnees perfekt
wieder. Bis in den April hinein liegt selbst im Valley Schnee und sorgt
für außergewöhnliche Photomöglichkeiten rund um Merced River, El
Capitan und Mirror Lake. Das Tal ist zwar zugänglich, doch Schnee-
ketten sind oft ein Muß.

Wegweiser

Yosemite Valley liegt rund 190 mi östlich von San Francisco und ist
aus dieser Richtung über die Routen 120, 140 und 41 das ganze Jahr
über gut erreichbar. Aus dem Osten führt nur die Rt-120 über den Tioga
Pass in den Park, ist aber von November bis Mai aufgrund der starken
Schneefälle in den Höhenlagen geschlossen. Während der Saison sind
alle Strecken im Park auch mit Wohnmobilen problemlos zu befahren,

wenngleich es mit größeren
Fahrzeugen aufgrund des
Andrangs zu Engpässen bei
den Parkplätzen kommen
kann. Besucherzentren
finden Sie ganzjährig geöffnet im Yosemite Valley und
am Big Oak Flat Eingang
an der Rt-120 sowie wäh-
rend der Sommermonate
am Südeingang/Wawona
an der Rt-41 und nahe den
Tuolumne Meadows an der
Tioga Road.

Der Großteil des Yose-
mite Valley ist über ein

Die Umgebung des Tioga Pass hält unweit der Straße
zahlreiche spiegelnde Wasserflächen bereit

Einbahnstraßensystem zugänglich. Der Southside Drive bündelt die Routen 120, 140 und 41 und führt sie in östlicher Richtung entlang dem Merced River ins Tal hinein. In Höhe des Camp Curry trifft er auf den in Gegenrichtung vorbei am Yosemite Village verlaufenden Northside Drive. Über drei Querverbindungen können Sie gezielt einzelne Segmente dieses Kreisverkehrs abfahren. Im Village finden Sie das Besucherzentrum, ein Museum, die Ansel Adams Gallery und alle weiteren touristischen Annehmlichkeiten, die zu brauchen man meinen könnte.

Nach Ihrer Ankunft können Sie das Tal am besten mit den kostenlosen Shuttlebussen erkunden, die auf zwei Routen etwa alle zehn Minuten verkehren. Beide verkehren ganzjährig zwischen 07:00 und 22:00 Uhr. Der genaue Fahrplan ist in der Parkzeitung Yosemite Guide zu finden, die kostenlos erhältlich ist. Der Valleywide Shuttle fährt auf dem Northside Drive und dem Southside Drive durch das gesamte Tal zwischen El Capitan Meadow, Yosemite Village und Happy Isles. Der East Valley Shuttle verkehrt nur im östlichen Teil zwischen Yosemite Village und Happy Isles.

Können Sie an den Wochentagen im Frühjahr und Herbst noch mit Glück ohne Reservierung eine Campsite oder ein Zimmer im oder nahe am Valley bekommen, so brauchen Sie an diese Möglichkeit im Sommer und an den Wochenenden der restlichen Zeit keinen Gedanken zu verschwenden. Ohne eine laaange (!) vorher gebuchte Vorbestellung kann Ihnen an besonders hektischen Tagen sogar schon gegen Mittag der Einlass in den Park ganz verwehrt werden. Obwohl das sicher ein Extrembeispiel ist, zeigt es doch deutlich, wie gespannt die Situation in dem engen Touristikzentrum am Merced River mittlerweile geworden ist.

Im Parkgebiet finden sich 13 Campingplätze, von denen 10 auch für Wohnmobile geeignet sind. Wiederum 7 der 13 können reserviert werden und dies ist dringend anzuraten. Die jeweils aktuellen Regelungen finden Sie auf http://www.nps.gov/yose/planyourvisit/camping.htm. Die übrigen Campsites werden auf First Come - First Served Basis vergeben.

Ohne Zelt o.ä. nächtigen Sie in den Hütten des Housekeeping Camps, in der Zeltstadt des Camp Curry, in der Yosemite Lodge oder, ganz luxuriös, im Ahwahnee Hotel. Außerhalb des Valleys bieten sich noch das Wawona Hotel im Süden sowie die White Wolf Lodge und die Tuolumne Meadows Lodge an der Tioga Road an.

Außerhalb des Parkgebiets finden Sie in den angrenzenden National Forests immerhin noch den einen oder anderen Campingplatz sowie in El Portal an der Rt-140 im Westen oder in Lee Vining an der Rt-395 auch Hotels.

Auf den folgenden Strecken gelten Restriktionen für Fahrzeuge:

Rt-41/Wawona Road: Länge maximal 45 ft für Einzelfahrzeuge, Höhe in Richtung Yosemite Valley 10 ft 2 in. In Richtung Wawona 13 ft 6 in

Rt-140/El Portal Road: Länge maximal 45 ft für Einzelfahrzeuge, 60 ft für Gespanne, 35 ft für Trailer, Höhe 12 ft 10 in

Rt-120/Big Oak Flat Road: Länge 45 ft für Einzelfahrzeuge, Höhe im Tunnel in Richtung Yosemite Valley 10 ft 3 in. In Gegenrichtung 13 ft 8 in

Rt-120/Tioga Road: Ist wegen Schnee geschlossen zwischen November und Mai. Zwischen dem Tioga Pass und der Rt-395 steigt/fällt die Strecke auf 8 mi um 2500 ft (760 m). Manche Abschnitte weisen deshalb ein Gefälle/eine Steigung von 8 % auf. Reisende mit Wohnmobilen sollten dies bedenken und entsprechend langsam fahren, um den Motor nicht zu überhitzen. Bergab ist es ratsam, einen kleinen Gang zu wählen, um die Bremsen nicht zu überhitzen. Nutzen Sie zudem den einen oder anderen Pullout, um die Technik zu schonen und den nachfolgenden Verkehr überholen zu lassen.

Glacier Point Road: Länge 35 ft für Einzelfahrzeuge hinter Sentinel Dome/Taft Point Trailhead, geschlossen zwischen November und Mai. Overnight Parking zwischen Badger Pass und Glacier Point ist zwischen 15. Oktober und der Öffnung im Frühjahr nicht gestattet.

Mariposa Grove Road: Länge maximal 25 ft, solange die Pendelbusse verkehren. Anhänger sind nicht gestattet.

Hetch Hetchy Road: Länge maximal 25 ft. Geöffnet 1. April - 30 April 07:00 - 20:00 Uhr, 1. Mai - Labour Day (1. Montag im September) 07:00 - 21:00 Uhr

Geographische Orientierung und die photogensten Tageszeiten

Yosemite National Park umfasst ein annähernd rundes Stück der Sierra Nevada von 60 km Breite und 80 km Länge und ist an allen Seiten von verschiedenen National Forests umgeben.

Das Yosemite Valley erstreckt sich südlich der von der Rt-120 markierten Mittellinie leicht nach Norden ausholend von Westen nach Osten und empfiehlt sich und die großen Felsformationen damit für das feine Seitenlicht am Morgen und Nachmittag.

Entlang der Tioga Road (Rt-120) erstreckt sich eine subalpine Hochebene. Obwohl das flache Licht am Morgen die Reflexionen der Bäume in den vielen kleinen Seen betont, können Sie die hellen Kalksteinformationen am Olmsted Point oder am Tenaya Lake auch zur Mittagszeit effektiv aufnehmen.

Photographische Besonderheiten

Über die normale Objektivauswahl hinaus empfiehlt es sich während der Wildblumensaison Makrozubehör einzupacken. Um die kleinen bunten Wunderwerke der Natur gut ausgeleuchtet in Szene setzen zu können, kann auch ein entfesselter Blitz oder Reflektorfolie von Nutzen sein. Ein Grauverlauffilter hilft bei Übersichten am Morgen und Abend die großen Kontrastunterschiede zwischen den erleuchteten Kliffspitzen und dem dann meist noch bzw. schon im Schatten liegenden Vordergrund zu überbrücken.

Motive entlang der Route 41 – Zwischen Wawona und dem Yosemite Valley

Bei der Anreise von Süden über die Rt-41 passieren Sie direkt am Südeingang (30 mi südlich vom Yosemite Valley) des Parks zuallererst den Abzweig zum Mariposa Grove. Nur 2 mi sind es von hier zu diesem größten Sequoia Wäldchen im Park und man unterscheidet den direkt am Ende der Straße gelegenen Lower Grove sowie den 3,2 km weiter und 240 m höher liegenden Upper Grove. Die Straße von Wawona hinauf zum Mariposa Grove ist, je nach Witterung, von spätestens November bis mindestens Mai wegen Schnee gesperrt. In der übrigen Zeit wird sie mehrmals am Tag geschlossen, wenn das Besucheraufkommen die wenigen Parkplätze gefüllt hat. Um dies zu umgehen, sollte man die kostenlosen Pendelbusse nutzen, die Wawona mit dem Sequoiawald verbinden. Mit ihnen haben Sie unabhängig vom Besucheraufkommen Zugang zum Mariposa Grove. Die Busse halten am Südeingang des Parks, am Wawona Store und am Mariposa Grove Gift Shop.

Blick nach Osten ins Yosemite Valley am 01.07. um 06:30 Uhr, Sonnenaufgang um 05:45 Uhr

Blick nach Osten ins Yosemite Valley am 01.07. um 13:00 Uhr

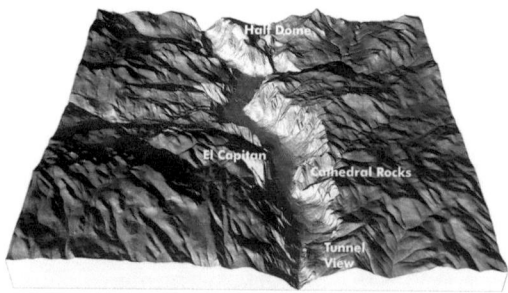

Blick nach Osten ins Yosemite Valley am 01.07. um 19:45 Uhr, Sonnenuntergang um 26:26 Uhr

Sobald Sie sich auf dem Hauptpfad in den Wald begeben, sehen Sie rechts den Fallen Monarch. Biologen vermuten, dass dieser Baum bereits seit einigen hundert Jahren dort liegt. Tanninsäure im Holz verhindert die anfängliche Bildung von Pilzen und Bakterien und hält die Verwesung eines entwurzelten Mammutbaums lange auf. Erst wenn das Tannin durch Regen und geschmolzenen Schnee aus dem Holz ausgewaschen wurde, beginnt die Zersetzung des Baums. Schauen Sie sich die Wurzeln des Riesen an. Mammutbäume haben keine tiefen Pfahlwurzeln. Stattdessen breiten sich die Wurzeln zur Aufnahme von Wasser dicht unter der Bodenoberfläche aus. Die Wurzeln gehen normalerweise nicht tiefer als 2 m, sie können sich jedoch weiter als 45 m ausbreiten, um dem Baum eine stabile Basis für den gewaltigen Stamm zu geben.

Der Weg, der sich oberhalb des Fallen Monarch befindet, ist von zahlreichen jungen Mammutbäumen gesäumt. Solche Jungspunde finden sich in den Wäldern nur selten, denn sie brauchen Standortbedingungen, wie ein wenig direktes Sonnenlicht, ausreichend Feuchtigkeit und unbedeckten Mineralboden. Darüber hinaus sind regelmäßige Brände nötig, damit der Boden von Nadeln und Abfällen befreit wird und sich die Zapfen öffnen und die enthaltenen Samen freigeben. Nach der Entdeckung der Mammutbäume begann der Mensch damit, natürlich vorkommende Waldbrände in der guten Absicht die Bäume zu schützen zu unterdrücken und verhinderte damit ein Stück ihre Fortpflanzung. Erst Anfang der 60er Jahre des letzten Jahrhunderts begann man den Zusammenhang zwischen der Vermehrung und den natürlichen Waldbränden (ausgelöst z.B. durch Blitzschlag) zu verstehen und praktisch mit kontrollierten Bränden zu nutzen.

An den Bäumen Bachelor und Three Graces können Sie oft bemerkenswerte eierförmige Zapfen finden.

Der Grizzly Giant ist der größte Baum im Mariposa Grove und gleichzeitig der fünftgrößte Sequoia überhaupt. Einschätzungen zufolge rund 1 800 Jahre alt. Treten Sie an den Baum heran und schauen Sie nach oben. Der riesige Ast auf der Südseite hat einen Durchmesser von fast 2 m und ist damit größer als der Durchmesser jedes anderen Baustamms in diesem Wald.

Etwa 45 m weiter befindet sich der California Tunnel Tree der im Jahre 1895 ausgehöhlt wurde, um die Durchfahrt von Pferdekutschen zu ermöglichen. Um die Größe von Aushöhlung und Baum im Bild deutlich zu machen, sollten Sie einen Menschen zum Vergleich mit aufnehmen. Entlang dieser trockenen Böschung zwischen dem oberen und

Motivwelten im Yosemite National Park

Ein so großer und landschaftlich so abwechslungsreicher Park wie Yosemite stellt jeden Reisenden vor eine Herausforderung. Die kleine Systematik soll etwas Übersicht in das Wirrwarr der Formationen und Aussichtspunkte bringen.

● **Porträts** der Landmarken El Capitan, Half Dome, Three Brothers, Cathedral Rocks und Sentinel Dome bei Sonnenauf- und -untergang mit dem Merced River, einer der Wiesen oder einer der allgegenwärtigen Tannen im Vordergrund

● **Übersichten** des Yosemite Valley und der großen Formationen von höher gelegenen Punkten wie Tunnel View, Inspiration Point, Taft Point oder Glacier Point

● **Studien** der jahreszeitlich bedingt mehr oder weniger aktiven Wasserfälle

● **Details** aus den Flussläufen, z.B. kleine Kaskaden oder Strudel

● **Sequoias** in Wawona und an der Tioga Road

● Die **alpine Landschaft** entlang der Tioga Road überrascht mit großartigen Bergpanoramen und fragilen Spiegelungen in den klaren Bergseen. Dazu gibt's im Sommer die weiten Wildblumenwiesen der Tuolumne Meadows

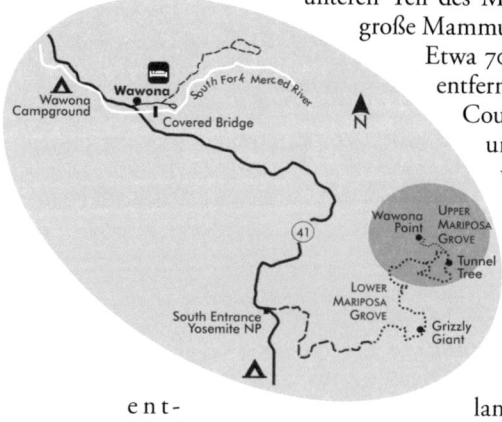

unteren Teil des Mariposa Grove stehen nur wenige große Mammutbäume.

Etwa 700 m vom California Tunnel Tree entfernt steht das Baumpaar Faithful Couple. Die zwei großen Bäume sind unten am Stamm zusammengewachsen, weiter oben sind sie jedoch eindeutig getrennt. Auf der gegenüberliegenden Seite des Wegs stehen zwei kleinere Bäume, die in 500 Jahren eventuell das nächste „treue Paar" sein werden.

Gut 400 m weiter den Pfad entlang finden Sie den Clothespin Tree. Mehrere Brände haben einen natürlichen Tunnel geschaffen, der breiter als ein Auto ist. Auch hier sollten Sie Ihren Bildern wieder einen Maßstab mitgeben.

Rund 1 000 m hinter dem Mariposa Grove Museum zweigt links ein leichter Weg ab zum 400 m entfernten Wawona Point, der eine sehr lohnende Aussicht auf den Wawona Dome im Norden und die Wawona Meadow im Westen bietet.

Die Riesen geben zu jeder Tageszeit lohnende Motive ab und am besten teilen Sie die Zeit ein, wenn Sie mit dem Shuttle bis zum Upper Grove fahren und den Weg zurücklaufen. Die beachtlichen Sequoias sind übrigens gerade im Winter, wenn ihre markante braune Barke zwischen dem frisch gefallenen Schnee hindurchschimmert, besonders schöne Motive.

Nur ein Gletschers kann einen Monolithen wie Half Dome rasieren

Zurück auf der Rt-41 passieren Sie nach 5 mi den kleinen Ort Wawona in dem Sie einige restaurierte Häuser aus der Pionierzeit des Westens und eine ebenfalls in den alten Zustand versetzte gedeckte Brücke anschauen können (Pioneer Yosemite Historic Center). Letztere können Sie besonders gut mit dem Fluss, der South Fork des Merced River, im Vordergrund aufnehmen. Auf den folgenden kurvigen 11 mi bis zur Kreuzung mit der Glacier Point Road gibt die Rt-41 immer wieder schöne Ausblicke auf das tiefer im Westen liegende Gelände des Sierra National Forests frei. Leider finden sich nur wenige Parkmöglichkeiten an der schmalen Strecke.

Noch einmal 15 mi sind es dann von der Chinquapin Junction bis zum Ende der Straße am Glacier Point, mehr als 900 m hoch über dem Yosemite Valley. Im Winter ist nur das erste Drittel dieser Strecke bis zum Badger Pass Ski Area geöffnet, im Juli finden Sie vor allem im Bereich der Mono Meadow viele Wildblumen. Bei Meile 13,2 erreichen Sie das Taft Point Parking Area. Zwei jeweils rund 2 km lange Wanderwege beginnen hier und wenn man ihre Endpunkte kennt, ist es schwierig sich für einen zu entscheiden.

Glacier Point schaut auf Half Dome und die Sierra im Norden

Der erste führt nach Nordwesten zum Taft Point (60 m Höhengewinn), welcher Ihnen von der Spitze eines scheinbar frei über dem Abgrund schwebenden Cliffs den Blick auf die westliche Länge des Yosemite Valley öffnet. Zwischen Juni und August ist dies einer der besten Punkte für den Sonnenaufgang und den frühen Morgen, da die Sonne dann zuerst El Capitan und später die Yosemite Falls besonders gut in Szene setzt. Im Oktober und November beleuchtet sie El Capitan noch einmal am späten Nachmittag. Auch die Cathedral Rocks direkt im Westen können Sie sehr gut von hier oben aufnehmen. Über den zweiten Weg gelangen Sie nach Nordosten auf den 2475 m hohen Sentinel Dome (120 m Höhengewinn). Hier finden Sie die aufgrund ihrer Lage und ihres verkrümmten Wuchses in vielen tausend Photos zur Ikone des Parks gewordene Jeffrey Pine. Dem puren Granit entwachsen musste Sie sich der übermäßigen Trockenheit des Jahres 1979 geschlagen geben und ist abgestorben. Bei Sonnenauf- und -untergang taucht die Sonne Ihren wettergegerbten Stamm aber weiterhin in warmes Licht und macht Sie zum idealen Vordergrundobjekt für Bilder des Hochlands im Norden und von Half Dome im Osten. Aber auch die Yosemite Falls und El Capitan können Sie hervorragend von hier aufnehmen. - Wie schon gesagt, die Entscheidung für den einen oder anderen Wanderweg ist keine leichte Sache! Egal welchen Sie nehmen, wenn Sie den Sonnenenuntergang abwarten wollen, stecken Sie für den Rückweg eine Taschenlampe ein. Nach weiteren 1,7 km auf der Glacier Point Road erreichen

Mariposa Grove/Wawona: Grizzly Giant

Sie den an einem großen Parkstreifen gelegenen Washburn Point. Mit dem Teleobjektiv schauen Sie von hier aus bester Aufnahmeposition hinunter auf die Treppenstufen von Nevada- und Vernal Falls. Nun ist nur noch eine weitere Meile bis zum Glacier Point Parking Area am Ende der Straße zurückzulegen. Ohne Übertreibung kann man sagen, dass Glacier Point der spektakulärste Aussichtspunkt im Park, vielleicht sogar in der ganzen Sierra Nevada ist. Aus überragender Vogelperspektive fällt der Blick in den sonst kaum einzusehenden nördlichen Teil des Yosemite Valley, auf die mächtige Kuppe des Half Dome und vor allem auf das weite, von vielen Gipfeln durchbrochene Hochland der Sierra Nevada im Nordosten. Das zarte Rot des Sonnenuntergangs und vor allem des kurzen Moments danach geben diesem Panorama dann den letzten Schliff, verhelfen ihm zu beinahe übernatürlicher Schönheit.

Damit haben Sie das Programm für einen ganzen wunderbaren Tag in dieser Gegend: Sonnenaufgang und Vormittag am Sentinel Dome und Taft Point, anschließend nach Süden zum Mariposa Grove, später Nachmittag und Sonnenuntergang am Glacier Point. Mit dem Wohnmobil oder Zelt können Sie sogar die Fahrerei ins Valley sparen und auf dem Bridalveil Campground an der Glacier Point Road übernachten.

Auch die Freunde eines gepflegten Marsches kommen hier auf Ihre Kosten. Der Four Mile Trail führt aus dem Tal (Southside Drive am Sentinel Rock) über 7,7 km und anstrengende 960 Höhenmeter hinauf zum Glacier Point (mindestens 3 Std.). Um es nicht zu übertreiben, können Sie sich mit dem Bus hinaufbringen lassen und die schöne Aussicht dann auf dem Weg nach unten genießen.

Wunderbares Motiv: Die Jeffrey Pine auf Sentinel Dome

Tunnel View, auf der östlichen Seite des Wawona Tunnels an der Rt-41 gelegen, markiert in dieser Richtung den letzten Aussichtspunkt, bevor Sie ins Yosemite Valley gelangen und ihn dürfen Sie keinesfalls verpassen. Ja er sollte, wenn möglich, sogar am Beginn des Aufenthalts im Park stehen. - Von nirgendwo sonst erleben Sie

den wichtigen Gesamtein-
druck des Tals so wie von
hier: El Capitan im Norden
und die spitzen Zacken
der Cathedral Rocks im
Süden eröffnen den Blick
auf das sich nach Osten
erweiternde Tal, das vor der
Barriere von Half Dome
und Clouds Rest zu enden
scheint. Dank der zurück-
haltenden Bauweise des
Yosemite Village ist der
Blick noch immer so frisch
und unverdorben wie ihn

Einem schmalen Schlauch gleich schiebt sich das Valley in die unwirklich graue Felsmasse der Sierra Nevada

Ansel Adams schon 1925 in Yosemite Valley from Inspiration Point ein-
gefangen hat. Am späten Nachmittag und bei Sonnenuntergang werden
die Einzelteile der Szene von der tief im Westen stehenden Sonne nach-
einander mit flachem warmem Licht bedacht. Oft entsteht dann ein
Regenbogen am Bridalveil Fall unterhalb der Cathedral Rocks. Nur um
die Sonnenwendedaten am 21.03. und 21.09. steht die Sonne richtig, um
beide Seiten des Tals gleichzeitig zu beleuchten (Note: Der Bridalveil Fall
führt im Frühjahr mehr Wasser als im Herbst).

Die Wolken eines auf- oder abziehenden Sturms sorgen zu jeder Zeit
für Abwechslung am Himmel und bereichern jedes Photo. 35 mm Brennweite fangen das ganze Panorama ein. Ein leichtes Tele ist ideal, um
besonders schön beleuchtete Details auszusondern oder ein paar Tage vor
dem Vollmonddatum den Mondaufgang kurz nach Sonnenuntergang
hinter dem Half Dome aufzunehmen.

Für den Fall, dass es Ihnen am Tunnel View gar zu voll sein sollte,
führt ein Wanderweg von der Südseite des Parkplatzes vor dem Tunnel
zu zwei erhöht gelegenen Punkten mit ähnlich gutem Blick. Nach 150
Höhenmetern oder etwas
mehr als 1 km treffen Sie
auf den Asphalt der alten
Wawona Road. Folgen Sie
ihr nach links in Richtung
Tal, so erreichen Sie nach
800 m den Artists Point,
rechts herum ist es ebenfalls
nur noch ein kurzes Stück
Weg zum oberhalb des
Tunnels gelegenen Inspi-
ration Point. 40 Minuten
Zeit sollten Sie für den in
Teilen steilen Weg in jedem
Fall kalkulieren.

Der spektakuläre Anblick des Valley vom Tunnel View

Yosemite Valley - Motive am Southside Drive

Der Parkplatz unterhalb des Bridalveil Fall View liegt direkt an der Rt-41 (Fahrtrichtung Wawona) und unmittelbar hinter ihrer Kreuzung mit dem Southside Drive. Der knapp 200 m hohe Bridalveil Fall trägt seinen Namen zu Recht, denn der Wind weht ihn oft wie eine lange weiße Schleppe vor der Felswand hin und her.

Im Gegensatz zu anderen Wasserfällen im Park verleiht im sein großes Einzugsgebiet die Kraft, den Sommer über zumindest in abgespeckter Form erhalten zu bleiben. Am aktivsten ist er jedoch zwischen Ende März und Juni. Ein kurzer Wanderweg (10 min) führt vom Parkplatz zu einem Aussichtspunkt am Fuß des Falls. Bei den Wassermengen des Frühjahrs sind Aufnahmen von dort jedoch beinahe unmöglich. Schon vom Parkplatz aus drängen sich aber Ausschnitte des Wasserfalls zwischen den hohen Kiefern auf. Am Morgen können Sie beobachten, wie die höher steigende Sonne den Wasserfall an seinem Scheitelpunkt von hinten zum Glühen bringt. Richten Sie sich dazu mit Ihrem mindestens 200 mm messenden Teleobjektiv am besten am westlichen Rand des Parkplatzes ein. Ab 17:00 Uhr zeigen sich oft Regenbögen in der Gischt, die mit dem sinkenden Sonnenstand die Wassersäule hinauf wandern und kurz bevor die Sonne im Westen verschwindet, lässt sie die gesamte Felswand rechts und links der Kaskade noch einmal in goldenem Licht aufleuchten. Folgen Sie dem Fußweg am Bridalveil Fall View vorbei, gelangen Sie nah an den Bridalveil Creek und haben z.B. die Möglichkeit von der Brücke aus hinunter zu steigen, um das über die glattpolierten Steine fließende Wasser mit kreativ-langer Belichtungszeit aufzunehmen. Am Morgen fallen einzelne Lichtstrahlen durch den dichten Eichenwald und erleuchten die kleinen Kaskaden. Am Nachmittag ist die Beleuchtung spärlicher, aber ausgeglichener. Noch etwas weiter können Sie den Wasserfall durch die weniger dichten Baumkronen hindurch aufnehmen.

El Capitan ist mit einer Höhe von 989 m der größte massive Granitdom der Welt

Das Cathedral Beach Picnic Area liegt am Southside Drive 1,7 mi hinter seiner Kreuzung mit der Rt-41. Sollte das Tor geschlossen sein, können Sie an der Straße parken und zu Fuß hinunter zu dem langen Strand am Merced River gehen. Genau von dort können Sie den am frühen Morgen fulminant beleuchteten El Capitan in eine der schönsten Weitwinkelkompositionen mit dem Fluss im Vordergrund stellen. - Die tolle Reflexion der Felswand im Wasser ist das frühe Aufstehen wirklich wert! Folgen Sie dem Merced River ein Stück weit nach Westen, können Sie ihn aufnehmen, wie er auf dem Weg zu seiner markanten Biegung Devil´s Elbow geradewegs auf den Monolithen zufließt. Auf diesem Stück sind Sie auch in guter Position, um die Cathedral Rocks hinter Ihnen im Südwesten abzulichten. Die hier den unteren Teil des Bildes dominierenden hohen Bäume werden durch

Steil geht der Blick vom Bridalveil Falls View den Fels hinauf

gezielte Unterbelichtung zum schwarzen Scherenschnitt. Halten Sie sich vom Picknickplatz aus östlich, also stromaufwärts, gelangen die am Morgen dramatisch von der Seite beleuchteten Three Brothers in den Mittelpunkt des Suchers.

1,9 mi weiter in Richtung Yosemite Village erreichen Sie einen großen Turnout auf der rechten Seite des Southside Drives (3,6 mi hinter der Kreuzung mit der Rt-41). Schon von der Straße aus sehen Sie die Tische und Bänke des Picknickplatzes und auch die schmale Brücke über den Merced River. Aufgrund ihrer Konstruktion heißt sie zu Recht Swinging Bridge. Der Fluss und die Cottonwoodbäume an seinem Ufer spielen an dieser Stelle vorzüglich mit dem Upper Yosemite Fall in der Höhe zusammen. Leider wird der Wasserfall bis in den Juni hinein erst am späten Vormittag von der Sonne erreicht. Ein Polarisationsfilter ist in dieser Situation das richtige Mittel, um dem Licht etwas von seiner Härte zu nehmen und die allzu starken Reflexionen etwas zu mildern.

Am Cathedral Beach liefert El Capitan eine seiner schönsten Reflexionen

Der 2695 m hohe Half Dome ist mit seiner glatten Nordwestflanke das anerkannte Symbol des Yosemite National Parks und die Sentinel Bridge ist ein sehr guter Standpunkt, um ihn aufzunehmen. 4,4 mi östlich der Kreuzung mit der Rt-41 verbindet sie den Southside Drive mit dem Yosemite Village. Von ihrer östlichen Seite haben Sie den wohl besten Blick auf den dominierenden Half Dome und seine im Sommer, Herbst und Winter perfekte Reflexion im Merced River. Der Vormittag hält hier eine Gegenlichtsituation bereit. Erst die Beleuchtung von Westen ermöglicht am frühen Nachmittag ein ausgeglichenes Bild der markanten Felswand mit dem Fluss und den Tannen im Vordergrund. Definitiv aber müssen Sie 45 min vor Sonnenuntergang hier sein, um das sehenswerte Farbenspiel der sinkenden Sonne auf der senkrechten Felswand einzufangen. Um den großen Kontrastumfang zwischen der erleuchteten Felsspitze und dem schon im

Schatten liegenden Vordergrund zu überbrücken und dem Merced River so noch einen Hauch von Zeichnung zu gönnen, ist ein dreistufiger Grauverlauffilter zu dieser Zeit unabdingbar. Genauso wichtig ist es, sich schon früh einen guten Platz in der Mitte der Brücke zu sichern, denn je dramatischer der Anblick wird, umso mehr Menschen bleiben stehen, um zuzuschauen.

Yosemite Valley - Motive am Northside Drive

Cooks Meadow liegt im Dreieck aus Northside Drive und Sentinel Bridge Drive direkt südlich vom Yosemite Village. An beiden Straßen finden Sie Parkplätze, um zu den guten Aufnahmestandpunkten im Herzen des Valleys zu gelangen. Die Motive umfassen alles, was Rang und Namen hat: Die Yosemite Falls (am besten an einem frühen Morgen im Frühjahr), Half Dome, die Cathedral Rocks, Glacier Point und Sentinel Rock (alle sehr gut

Schönes Paar: Half Dome und der Merced River von der Sentinel Bridge

am späten Nachmittag). Wie es sich für eine anständige Wiese gehört, finden Sie Blumen, Bäume und kleine Teiche, die Sie zur aktiven Bildgestaltung im Vordergrund platzieren können.

In einer so außergewöhnlichen Landschaft wie dieser muss man auch an einen eigentlich zweckgerichteten Bau wie ein Hotel hohe Ansprüche stellen. Dass beides miteinander vereinbar ist, zeigt The Ahwahnee. Am Ende einer kleinen Straße liegt es ein wenig abseits des Yosemite Village auf dessen Ostseite, ganz so, als wolle es mit dem profanen Trubel dort nichts zu tun haben. Schon im Jahre 1927 zum Großteil aus lokalen Steinen und Hölzern erbaut, zählt es zu den schönsten Hotels in den USA

und ist, auch wenn man nicht hier logiert, zumindest einen kurzen Besuch wert. Seit 1987 steht es auf der Liste der National Historic Landmarks. Von den öffentlich zugänglichen Räumen gibt die große Lounge den zurückhaltenden Luxus des 123-Zimmerhauses gut wieder. Durch die raumhohen Fenster flutet genug Licht hinein, um ohne Blitz gute Aufnahmen machen

Mehrere Sekunden Belichtungszeit lassen das Wasser zu einem weichen Schleier verlaufen

zu können. Ahwahnee ist ein Wort aus der Sprache der Miwok Indianer und meint so viel wie „saftige Wiese. Und genau so eine umrahmt das einem unsymmetrischen Y-ähnelnde Bauwerk auf der Südseite vor der Kulisse der mächtigen Granitwände. - Einen besseren Vordergrund könnte man auch nachträglich nicht in die Aufnahmen einbauen!

Die Yosemite Falls sind mit einer Höhe von 739 m die mit Abstand längste Kaskade rund um das Yosemite Valley, ja sogar die längste in Nordamerika. Der Plural ist hier durchaus angebracht, denn der Yosemite Creek stürzt in drei Etappen hinunter ins Tal. Die 436 m langen Upper Falls bilden den ersten und weithin sichtbaren Teil. Die Middle Cascade verläuft in einer Felsnische und ist beispielsweise von Cooks Meadow aus nicht zu sehen. Dem verbleibenden unteren Abschnitt der Lower Falls, der nur während der Mittagstunden direktes Sonnenlicht erhält, können Sie auf einem Wanderweg ganz nahe kommen. Da das Einzugsgebiet des Yosemite Creek überwiegend aus reinem Fels besteht, erreichen die Wasserfälle den beeindruckenden Höhepunkt ihrer Aktivität zwischen März und Mai. Der Rest des Jahres sieht sie als vom Wind getriebenes feines Band. In ihrer Gesamtheit können Sie die Yosemite Falls zum Beispiel von dem Fußweg zum Ahwahnee Hotel oder von der Sentinel Bridge über Cooks Meadow hinweg aufnehmen. Da sie nach Osten schauen, werden sie vom Morgenlicht gut in Szene gesetzt. Direkten Zugang zu den Lower Falls haben Sie vom Yosemite Falls View am Northside Drive, 1/3 Meile hinter Cooks Meadow. Vom Parkplatz aus führt der Weg direkt auf den von hier in ganzer Länge sichtbaren Wasserfall zu. Hohe Tannen rahmen das Bild links und rechts und der

Punkt, an dem der Fluss über die Felskante stürzt, ist so weit entfernt, dass tatsächlich der Eindruck entsteht, er entspringe direkt im Himmel. Ein Spaziergang von 10 min bringt Sie zur Yosemite Creek Bridge und einem Aussichtspunkt am Fuß der Lower Falls. Aber verpacken Sie sich und Ihr Equipment gut, denn die Wassermassen produzieren im April und Mai genug Gischt, um Sie auf der Brücke zu durchnässen! Als Entschädigung dafür steht die Sonne in diesen Monaten gegen 08:00 Uhr im richtigen Winkel, um Regenbögen an die Basis des Wasserfalls zu zaubern.

Auf dem Yosemite Falls Trail können Sie das Tal und den Wasserfall aus ungewöhnlicher Perspektive erleben. Er beginnt auf der Nordseite des Sunnyside Campgrounds und führt im ersten Abschnitt zum Columbia Rock Aussichtspunkt (3,2 km hin und zurück, 300 m Höhengewinn, 2,5 Std.). Von dort haben Sie am späten Nachmittag einen guten Blick auf Half Dome und den östlichen Teil des Tals,

El Capitan Meadow: Nahe dran am Antlitz des Granitriesen

aber das lohnt die Krackselei nicht. Viel besser ist es sich am Morgen hier hinauf zu quälen und die durchscheinende Nebelwolke der Upper Falls aus noch höherer Position im dramatischen Gegenlicht aufzunehmen. Dafür steht die Sonne gegen 09:00 Uhr im April und gegen 10:00 Uhr im Mai genau richtig. Als Anhaltspunkt zur Belichtungsmessung dieser schwierigen Situation leistet ein Teil der schon im Licht liegenden Granitwand gute Dienste. Für alle Iron Men und -Women sei noch angemerkt, dass der ganze Weg zum Top of Yosemite Falls 11,6 km hin und zurück misst. - Bei einem Höhengewinn von 810 m sollten dafür mindestens 7 Std. eingeplant werden.

Die Cathedral Rocks zählen aufgrund ihrer ungewöhnlichen Formen zu den dankbarsten Motiven im Park und neben dem Cathedral Beach bietet Cathedral Rocks Vista einen Standpunkt für lohnende Aufnahmen. Die weiche seitliche Beleuchtung am Morgen und späten Nachmittag setzt die gezackten Forma-

Cooks Meadow bietet gute Vordergrundobjekte, um Sentinel Rock zu rahmen

tionen am effektivsten in Szene und verleiht dem ansonsten abweisend grauen Granit sogar etwas Farbe. Die beste Jahreszeit ist natürlich das Frühjahr, welches mit seinem Wasserüberschuss einen kleinen reflektierenden Teich im Vordergrund entstehen lässt. Den kleinen Parkplatz des Aussichtspunktes finden Sie 1,9 mi westlich der Yosemite Lodge am Northside Drive.

El Capitan Meadow liegt noch ein wenig näher an dem mächtigen Stück Granit, dessen Namen sie trägt als Cathedral Beach am Southside Drive. Dementsprechend steiler und dramatischer ist die Perspektive, in der man die Felswand hinaufschaut. Frühes Aufstehen ist aber hier wie dort angesagt, denn das beste Licht herrscht bis maximal 1 Std. nach Sonnenaufgang. 2,5 mi westlich der Yosemite Lodge erreichen Sie zuerst einen kleinen Parkstreifen auf der linken Seite, dann ein U-förmiges Parking Area auf der rechten. Dazwischen erstreckt sich die Wiese entlang dem Merced River. Sie bietet nur einen Standpunkt für Reflexionen von El Capitan im Fluss, dafür aber die Möglichkeit, die Three Brothers im Osten mit ins Bild einzubeziehen und Aufnahmestandpunkte mit Bäumen (als Silhouetten!) und hohem Schilfgras im Vordergrund. Für eine gute Auswahl an Motiven folgen Sie dem markierten Weg mitten durch die Wiese bis zum Flussufer und dort entlang wieder zur Straße zurück. Auch die Cathedral Rocks im Süden können Sie im feinen Morgenlicht, also von der Seite beleuchtet, aufnehmen.

„The Water seems to fall out of the very Sky itself".

– Joseph LeConte, Chief of US Geological Survey über die Yosemite Falls

69

Cooks Meadow verheisst Ruhe in der Hektik des Valley

Manchmal ist es besser, etwas Abstand zu den Dingen zu halten. Der Bridalveil Fall View am Southside Drive bringt Sie nah genug für Detailstudien an den gleichnamigen Wasserfall, vom Bridalveil View am Northside Drive können Sie ihn dagegen in einen Gesamtzusammenhang mit der ihn umgebenden Felslandschaft stellen. - Entscheiden Sie selbst, was Ihnen besser gefällt! Den Aussichtspunkt finden Sie 3,5 mi westlich der Yosemite Lodge bzw. 1 mi hinter der El Capitan Meadow. Die sinkende Sonne taucht die Szene eine gute Stunde vor ihrem Untergang in einen unglaublich warmen Goldton. Dieser Farbton verstärkt sich auf dem Wasserfall selbst bei einer Belichtungszeit > 1/8 sec noch, so dass er wirklich aus flüssiger Farbe zu bestehen scheint. Zwischen März und Juni ist die Kaskade am aktivsten.

Am westlichen Ende des Northside Drives hält das Tal mit dem Valley View eine Art Zusammenfassung des bisher Gesehenen bereit. Dieser Aussichtspunkt, auch Gates of the Valley genannt, liegt 4,3 mi westlich der Yosemite Lodge kurz vor dem Abzweig zur Rt-41 Richtung Wawona. Aus bodenständiger Perspektive schaut man auf das beeindruckende Panorama von El Capitan im Norden und den Cathedral Rocks im Süden, die sich in der wasserreichen Saison im Merced River im Vordergrund widerspiegeln. Im Frühsommer säumen Wildblumen die Wiese auf der gegenüberliegenden Flußseite. Ein Blick ähnlich dem Tunnel View ist das hier, nur daß man zu niedrig steht, um noch die Kuppe des Half Dome zu sehen. Rund 1 Std. vor Sonnenuntergang erleben Sie das beste Licht auf den Formationen, die nur rund um die Sonnenwendedaten am 21.03. und 21.09 gleichmäßig ausgeleuchtet werden. Im Winter und Frühjahr fällt das letzte Licht dagegen nur auf El Capitan, während des Sommers sind die Cathedral Rocks erleuch-

Das Tal hat viele spektakuläre Wasserfälle zu bieten, die Yosemite Falls zählen sicher zu den eindrucksvollsten

tet. Da der Merced River im Vordergrund zu dieser Zeit schon im Schatten liegt, hilft ein Grauverlauffilter den Kontrastunterschied zu überbrücken und wenigstens ein paar Details erkennbar zu halten.

Motive im östlichen Yosemite Valley

Auch abseits von North- und Southside Drive gibt es absolut lohnende Motive

The Ahwahnee - perfekt in die Landschaft eingepasst

zu entdecken. Beispielsweise hält der Merced River im engen Seitencanyon des Little Yosemite Valley die unter den Wassermassen des Frühjahrs überschäumenden Wasserfälle Vernal - und Nevada Falls bereit. Ab Happy Isles folgen Sie dem Mist Trail nach Südosten. Nach rund 1,2 km und 120 m Höhenanstieg ist die Fußbrücke über den Merced River erreicht. Von hier haben Sie den ersten Blick auf Vernal Fall im Osten. Nur 300 m sind es von hier zu dem markierten Aussichtspunkt View of Vernal Fall auf einem mächtigen Felsbrocken direkt im Fluss. Die Entfernung ist von hier genau richtig, um den Wasserfall mit dem Fluss im Vordergrund in einer Weitwinkelaufnahme zu vereinen.

Das zwischen April und Juni schnell und reichlich fließende Wasser erübrigt die Wahl einer langen Belichtungszeit - Die Bewegung ist auch so nicht zu übersehen. Da beide Wasserfälle nach Westen schauen, werden sie am späten Nachmittag (2-3 Std. vor Sonnenuntergang) vom warmen Licht der schon niedrig stehenden Sonne verwöhnt. Gegen 10:00 Uhr am Vormittag können Sie dagegen erleben, wie die hohen Gischtwolken und zum Teil auch die Wasserfälle selbst im Gegenlicht glänzen. Bis hinauf zum Grat der immerhin 97 m tief fallenden Vernal Falls sind nun noch

Valley View: Links Half Dome, rechts die Cathedral Rocks

View of Vernal Fall liegt in sicherer, trockener Entfernung zum Wasserfall

einmal 900 m zurückzulegen, auf denen der Weg aber 180 m an Höhe gewinnt. Dafür sind maßgeblich die mindestens 450 Stufen verantwortlich, über die man die rechte Seite des Wasserfalls erklimmt. Dieser Abschnitt gab dem Weg seinen Namen: „Mist" steht für den alles durchdringenden Nebel des aufgewühlten Wassers. Um hier im Frühjahr durchzukommen, brauchen Sie entweder ein Unterwassergehäuse für Ihre Kamera oder ein paar wirklich dicht schließende Plastiktüten für die Phototasche. Oben angekommen, genießen Sie die hoffentlich scheinende Sonne und trocknen Ihre nassen Sachen. Aber halten Sie sich bloß hinter der Absperrung - hier sind schon allzu viele unvorsichtige Mitmenschen in den Tod gestürzt!

Nevada Fall liegt weitere 3,2 km und 270 Höhenmeter flussaufwärts. Folgen Sie dem Wanderweg einfach nach Osten, vorbei an dem feinen Emerald Pool bis zur Kreuzung mit dem Verbindungsweg zum weiter südlich verlaufenden John Muir Trail. Dieser kurze Weg gibt auf halbem Weg einen guten Ausblick auf die ganze Länge des Vernal Fall frei. Weiter zum Nevada Fall müssen Sie sich an der Kreuzung aber links halten und den Merced River alsbald auf einer einfachen Holzbrücke überqueren, von der aus Sie schon den oberen Teil des Nevada Falls sehen können. Dieser Abschnitt des Mist- oder North Trails führt Sie in einiger Entfernung zum Fluss durch den Tannenwald, gibt aber hin und wieder gute Ausblicke auf den noch immer höher liegenden Wasserfall frei. Im Gegensatz zu den Steinstufen am weiter unten passierten Vernal Fall halten die Serpentinen des letzten Anstiegs hier einigen Abstand zu dem allzu feuchten Element, so dass Sie wirklich gute Seitenansichten aufnehmen können.

Um nicht denselben Weg wieder zurückgehen zu müssen, können Sie über die Brücke oberhalb des Nevada Falls an den John Muir Trail anschließen. Er entfernt sich zwar in einem nach Süden ausholenden Bogen vom Merced River, ist dafür aber durchweg leicht zu gehen und bietet an zwei Stellen

Entfernungen über den Mist Trail

Vom Happy Isles Nature Center
(Shuttle Bus Stop 16) . . .
bis zur Vernal Fall Footbridge :
2,2 km hin und zurück, 120 m Höhenunterschied, 1 ½ Std.

bis zum Top of Vernal Fall :
4,8 km hin und zurück, 300 m Höhenunterschied, 2 ½ Std.

bis zum Top of Nevada Fall :
11,2 km hin und zurück, 570 m Höhenunterschied, 5 Std.

neue Ausblicke aus hoher Position. Den ersten, Nevada Fall Viewpoint mit Blick auf den markanten Liberty Cap und den 180 m hohen Nevada Fall, erreicht Sie nach dem Passieren eines mächtigen Felsüberhangs. Clark Point liegt 2,7 km weiter westlich und gibt den Blick auf beide Wasserfälle frei. Über einige Serpentinen erreichen Sie dann den Mist Trail in Höhe des View of Vernal Fall.

Ein Weitwinkel im Bereich von 28 mm Brennweite sowie ein Telezoom sollten ausreichen, um die Motivbereiche am Weg abzudecken. Wenn Sie auf lange Belichtungszeiten aus sind, belasten Sie sich nicht mit einem großen Stativ, ein Bohnenbeutel hält die Kamera genauso gut und Felsen als Unterlage gibt's genug.

Mirror Lake liegt direkt unterhalb des Half Dome im Tenaya Canyon, einem Seitental des Yosemite Valley im Nordosten. Wie viele andere Gewässer im Hochland versandet auch er durch das von den Flüssen angeschwemmte Sediment. Schon heute ist der Grund überall sichtbar, von seiner ehemaligen Größe ist nichts mehr zu spüren. Bis zur Mitte des Jahrhunderts wird sich hier wohl eine fruchtbare Wiese erstrecken. Während des Sommers kann der See trocken fallen, zwischen März und Juni bringt der Tenaya Creek aber noch immer genug Wasser, um am späten Nachmittag schöne Reflexionen von Mount Watkins und Basket Dome wiederzuspiegeln. - Belichten Sie dann auf die helle Spiegelung und lassen die schon im Schatten liegenden Dogwoodbäume und Tannen an den seichten Ufern zu einer schwarzen Silhouette absaufen. Sie erreichen den Mirror Lake ab der Haltestelle No 18 des Shuttle Busses über einen leichten 1,6 km langen Fußweg entlang dem Tenaya Creek. Planen Sie etwas mehr als die reine halbe Stunde Gehzeit ein, um sich ein wenig mit den kleinen Kaskaden des Bachlaufes beschäftigen zu können. - Die harmonieren prächtig mit den im Mai blühenden Dogwoodbäumen am Wegrand.

Am Ende des Regenbogens ...

Regenbögen sind schön anzusehen und zu photographieren. Wenn man weiß wo man nach ihnen Ausschau halten muß kann man sie sogar vorhersagen, denn Bögen mit einem Radius von 42° entstehen immer genau gegenüber der Sonne im sogenannten Anti-Solaren Punkt, wenn das Sonnenlicht durch einen Vorhang feiner Wassertröpfchen fällt. An ihnen bricht es sich und wird genau wie beim Prismaversuch im Physikunterricht in seine Spektralfarben Rot, Orange, Gelb, Grün, Blau, Indigo und Violett aufgefächert. Belichtungstechnisch sollte man wissen, daß es innerhalb des Bogens normalerweise eine Stufe heller ist als außerhalb. Um die Farben korrekt wiederzugeben, ist eine Belichtungsreihe in 1/3-Stufen-Schritten angeraten.

Vernal- und Nevada Fall führen in der Regel auch in der trockenen Jahreszeit etwas Wasser

Motive entlang der Tioga Pass Road

Wenn Ihnen nach den aufregenden Tagen im Yosemite Valley der Sinn nach einem etwas ruhigeren Ort steht, so sollten Sie sich hinauf in die an vielen Stellen noch recht abgeschiedene Hochgebirgslandschaft entlang der Tioga Road begeben. Zwischen Ende Mai und Ende Oktober ist sie schneefrei und über die ganze Länge von 66 mi bis zum Tioga Pass, dem mit 3031 m höchsten Straßenpass der kontinentalen USA, ganz im Osten zu befahren. Egal ob Sie zu einem Tagesausflug aufbrechen oder sich auf den Weg hinüber zum Mono Lake machen, brechen Sie nach Möglichkeit früh am Morgen im Valley auf und verlassen Sie es nach Westen über die Big Oak Flat Road.

Vom Aussichtspunkt Valley Portal, das ist die erste Parkmöglichkeit nach dem zweiten Tunnel, können Sie das tiefer liegende Tal dann in einer dramatischen Gegenlichtsituation aufnehmen. Dies ist ebenfalls ein guter Aussichtspunkt für den späten Nachmittag, wenn die Sonne gegen 16:00, 17:00 Uhr in Ihrem Rücken steht und den weiten Canyon des Merced River beinahe in beachtlicher Länge ausleuchtet. Nach weiteren 8 mi und noch einem Tunnel ist dann die Kreuzung mit der Tioga Road erreicht. In dieser Gegend finden Sie zwischen Mai und Juli bei Crane Flat ausgedehnte Wildblumenwiesen und mit dem Merced - und Tuolumne Grove (Achtung Aussprache: „t-wolo-me") zwei Sequoia Wäldchen. Der Letztere hat zwar nur rund 25 Mammutbäume aufzuweisen, überrascht dafür aber mit vielen photogenen Dogwoodbäumen, die Sie zur Zeit ihrer Blüte Ende Mai, Anfang Juni oder ihrer goldenen Laubfärbung im Oktober vortrefflich mit den dunkelroten Baumstämmen kombinieren können.

Kaum spürbar, aber doch beständig, steigt die Tioga Road nun nach Osten an, bis sie 14 mi hinter der Kreuzung den Siesta Lake erreicht. Das kleine Gewässer gleicht dem Mirror Lake, denn auch hier führt der überreiche Sedimenteintrag zur Versandung und auch hier können Sie am Morgen und Nachmittag schöne Spiegelungen aufnehmen. Einzig die Kulisse der Gipfel fehlt und wird durch intime Szenen aus Gräsern, Büschen und Bäumen ersetzt, die unter einem bedeckten Himmel am besten zur Geltung kommen. Ein Polarisationsfilter ist hilfreich, um die Reflexionen ein wenig nachzudunkeln. Rund 2 mi östlich des Abzweigs zum White Wolf Campground passieren Sie den Lukens Lake Trailhead. Über den nicht ganz 1 mi langen Weg gelangen Sie zu dem See, in dessen Umgebung

Noch ist der Siesta Lake nicht ganz versandet und spiegelt die umgebenden Bäume perfekt wider

während des Sommers ansehnliche Wildblumenbestände gedeihen.

An den folgenden Campingplätzen Yosemite Creek und Porcupine Flat beginnen verschiedene Wanderwege in das Gebiet nördlich und südlich der Tioga Road. Hier oben präsentiert die Sierra eine Hochgebirgslandschaft mit einem dünnen Bestand aus Bergkiefern, Fichten, Tannen, Wacholderbüschen, vereinzelten Birken und niedrigen Sträuchern auf dem hellen, oft fast weißen Granit. 10 km sind es beispielsweise zum Grat der Yosemite Falls im Süden, ein Fußmarsch von 6,5 km bringt Sie zum North Dome mit einem wirklich guten Blick auf das tief unten liegende Yosemite Valley.

Der nächste gut ausgebaute Aussichtspunkt ist Olmsted Point, 30 mi östlich der Crane Flat Junction. Nach Süden schauen Sie von hier auf die aus dem Yosemite Valley nicht sichtbare Rückseite des Half Dome, die am frühen Morgen und späten Nachmittag gleichermaßen gut beleuchtet wird. Mindestens 200 mm Brennweite sind nötig, um die Formation einigermaßen formatfüllend abzubilden. Vom östlichen Ende des Parkplatzes öffnet sich der Blick auf das tiefblaue Wasser des Tenaya Lake (sprich „ten-eye-a") im nächsten

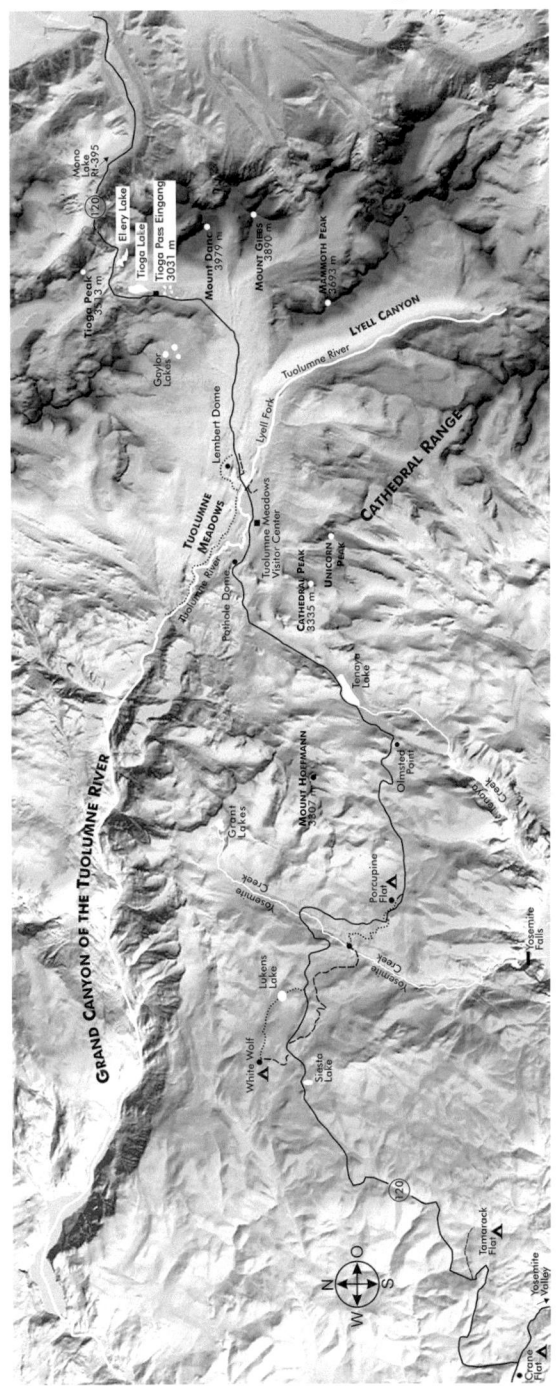

75

Lake Tenaya: Ein Juwel inmitten der hellgrauen Felsdome

Tal und den ihn aus der Ferne überragenden, 3837 m hohen Mount Conness. Schönes Streiflicht setzt beide besonders bei Sonnenuntergang vorteilhaft in Szene. Überall sorgen mächtige eiszeitliche Findlinge und einige photogen verwachsene Kiefern für eine attraktive Vordergrundgestaltung.

Tenaya Lake wurde nach einem Häuptling der Yosemite-Indianer benannt, die ihn in ihrer Sprache als „Py-wi-ack" oder „See der glänzenden Felsen" bezeichneten

Nachdem Sie den Tenaya Lake passiert und vielleicht einen kurzen Spaziergang entlang seinem Ufer unternommen haben, steigt die Straße auf den folgenden 5 mi wieder an, windet sich durch den engen Einschnitt zwischen Fairview Dome auf der rechten und Pothole Dome auf der linken Seite und mündet in die Ebene der Tuolumne Meadows, dem größten subalpinen Wiesensystem in der Kette der Sierra Nevada. Hier bringt der Tuolumne River mit seinem Wasserüberschuss zwischen Juni und August die spektakulärsten Wildblumenwiesen hervor, die man sich vorstellen kann. Die Hauptblütezeit tritt normalerweise gegen Ende Juli ein und dann quellen der Campingplatz und die Lodge normalerweise vor Besuchern über. - Zu Recht, denn die Umgebung hält mit die besten Motive im Park bereit.

Die bunten Blumen der Tuolumne Meadows stellen den besten Vordergrund für die umgebenden Berge, die sich darüber hinaus in den vielen kleinen und kleinsten Teichen wiederspiegeln. Da das feine Licht am Morgen und Abend oft nur die Gipfel erreicht, wird das Kontrastvermögen fast jedes Bildträgers arg strapaziert. Ein Grauverlauffilter hilft in solchen Fällen, den Belichtungsumfang auf ein erträgliches Maß zu drücken und so überall Zeichnung zu halten. Dies Zubehör sowie Gummistiefel und

Die eiszeitlichen Findlinge am Olmsted Point wirken wie die vergessenen Spielzeuge eines Riesen

76

im Mai auch Insektenspray gegen die nervigen Moskitos sind nötig, um sich in die feuchten Wiesen hineinzuwagen.

Halten Sie sich auf den bestehenden Wegen, das Ökosystem der Tuolumne Meadows ist sehr fragil! Man spricht es „twaluhmee" oder „too WAHL uh mee" - am besten denkt man an „to all of me".

Tuolumne Meadows - Im Sommer ein Wildblumenmeer

Von Juni bis September (die genauen Daten variieren und Sie entnehmen sie der kostenlosen Parkzeitung Yosemite Guide) können Sie der meist nervigen Parkplatzsuche an den Tuolumne Meadows entgehen, indem Sie ab Olmsted Point den kostenlosen Pendelbus benutzen. Er verkehrt zwischen 07:00 Uhr und 19:00 Uhr jede halben Stunde und bedient folgende Haltestellen:

Tuolumne Meadows Lodge - Dog Lake Parkplatz - Tuolumne Meadows Wilderness Center - Lembert Dome - Tuolumne Meadows Campground - Tuolumne Meadows Visitor Center - Cathedral Lakes Trailhead - Pothole Dome - Tenaya Lake östl. Ende - Sunrise Lakes Trailhead (westl. Ende des Tenaya Lake) - May Lake Trailhead - Olmsted Point

Derselbe Bus bedient zu folgenden Zeiten auch Tioga Pass und Mono Pass:

ab Tuolumne Meadows 09:00, 12:00, 15:00, 17:00

ab Mono Pass 09:10, 12:10, 15:10, 17:10

ab Tioga Pass 09:15, 12:15, 15:15, 17:15

Wenn Sie dem Tuolumne River um den Pothole Dome im Westen herum rund ½ km folgen, gelangen Sie zu einem 600 m langen Abschnitt, in dem er über eine Reihe Stromschnellen bergab fließt. Am späten Nachmittag baden die Kaskaden und die Felsspitzen im Süden, vor allem der markante Unicorn Peak, im warmen Licht der niedrig stehenden Sonne. Eine Belichtungszeit im Bereich > 1/8 sec lässt das Wasser zu einem seidigen Flies

Mount Dana und der Tioga Lake

77

verlaufen. Ebenfalls am späten Nachmittag lohnt sich der leichte Weg hinauf zum Pothole Dome, denn seine Spitze ist hoch genug, um einen sehr guten Rundumblick zu erlauben. Auf der Ostseite der Tuolumne Meadows erhebt sich der 2880 m hohe Lembert Dome. Der Weg hier hinauf misst nur 2,4 km und von oben haben Sie bei Sonnenuntergang aufgrund der größeren Höhe ein noch besseres Panorama der umliegenden Gipfel als vom Pothole Dome gegenüber. Als Frühaufsteher wird sich für Sie der Weg zu Soda Springs am Ende der Staubstraße zum Lembert Dome Parking Area lohnen. Ein kurzer Wanderweg von 800 m Länge bringt Sie zu einem Aussichtspunkt mit sehr gutem Ausblick auf die Tuolumne Meadows sowie Unicorn Peak im Süden und die sich dahinter erhebende Cathedral Range.

Direkt am Tioga Pass, der die östliche Parkgrenze und den Übergang in den Inyo National Forest markiert, finden Sie eine handvoll kleiner Teiche, die die Gipfel im Osten, vor allem den 3979 m hohen Mount Dana, wunderbar reflektieren. Parken Sie direkt an der Eingangsstation und folgen Sie dem nicht markierten, aber ausgetretenen Pfad nach Osten, wo Sie die Wasserflächen schon sehen können. Der niedrige Sonnenstand am frühen Morgen und späten Nachmittag schafft die besten Lichtverhältnisse auf den hohen Bergspitzen und die besten Voraussetzungen für schöne Spiegelungen. Ein Grauverlauffilter ist auch hier wieder sinnvoll, um den großen Kontrastunterschied zwischen Vorder- und Hintergrund zu überbrücken. Ohne ihn können Sie den Bildausschnitt auf die Reflexion beschränken. Von demselben Parkplatz gelangen Sie über den 1,6-2,4 km langen Gaylor Lakes Trail (150 m Höhenanstieg) nach Westen zu den beiden gleichnamigen Seen. Sie sind um einiges größer als die Teiche auf der Ostseite der Straße und so spiegelt sich das ganze weite Gebirgspanorama rundherum in ihnen wider.

Gleich hinter der Ausfahrt aus dem National Park gibt es einen schönen Aussichtspunkt auf der rechten Straßenseite. Aus hoher Position schaut man von hier auf den länglichen Tioga Lake und den dahinter aufragenden 3513 m hohen Tioga Peak im Norden. Der Stop hier lohnt zu jeder Tageszeit. Wenn Sie Glück haben, bekommen Sie einen Platz auf dem wunderbaren kleinen Campingplatz unten am See und können so die glatte Wasserfläche mit der Spiegelung von Mount Dana kurz nach Sonnenaufgang direkt vom Zelt aufnehmen. Nur einen Steinwurf ent-

Das frühmorgendliche Streiflicht erweckt die Hänge südlich des Tioga Pass für kurze Zeit zum leuchtenden Leben

fernt, quasi schräg gegenüber dem Campingplatz auf der anderen Seite der Rt-120, steht in Fahrtrichtung Mono Lake auf der linken Seite ein Hinweisschild („Parking Area") des Forest Service auf den Nunatak Nature Trail, der an drei kleinen reflektierenden Seen vorbeiführt. Nunatak meint die während der letzten Eiszeit nicht vergletscherten hohen Gipfel in der Kette der Sierra (z.B.

Auch der Ellery Lake auf dem Weg hinunter nach Lee Vining an der Rt-395 ist einen Stop wert

Mt Dana). Diese kleinen Ponds bieten am Morgen meist die besseren Reflexionen als die Seen, da die geschützter liegen und nicht so vom Wind gekräuselt werden.

Selbstverständlich weist auch die Umgebung von Yosemite sehenswerte Zeugnisse der vom Gold- und Silberabbau geprägten Vergangenheit Kaliforniens auf.

Der Columbia State Historical Park nahe der Kreuzung von Rt-49 und Rt-108 im Westen ist zwar keine wirkliche Geisterstadt, weist aber eine große Anzahl originaler Gebäude aus der Boomzeit des Ortes zwischen 1850 und 1860 auf. Bis zu 6000 Menschen lebten in diesen Jahren hier und gewannen mit der hydraulischen Kraft des Stanislaus River Gold aus den leicht zugänglichen oberen Erdschichten. Mehr als einmal wurde die Stadt in dieser Zeit durch Feuer beinahe vollständig zerstört und sogar zum Teil dem Abbau des goldhaltigen Erzes geopfert, aber nie ganz aufgegeben. Falls Sie also von Westen zum Yosemite anreisen oder die Sierra von der anderen Seite über die Rt-108 oder Rt-4 überqueren, sind Columbia genauso wie die nahegelegenen Orte Sonora oder Jamestown einen Abstecher wert.

Minimalprogramm und Tagesablauf

Zwei ganze Tage sollten es schon im Yosemite Valley sein, um neben dem Glacier Point auch El Capitan im besten Licht zu erwischen. Die hellen Stunden füllt man bequem mit den Aussichtspunkten am North- und Southside Drive sowie einer Wanderung über den Mist Trail. Dazu eine Nacht in der Hochgebirgslandschaft zwischen Toulumne Meadows und Tioga Pass. - Auch wenn es schmerzt so schnell weiterreisen zu müssen!

StadtBilder

Städte sind kompliziertere und vielschichtigere Organismen als Menschen. Dies trifft um so mehr zu je größer sie sind. Jeder Stadtteil, jeder Straßenzug ist von seinen vielfältigen Bewohnern geprägt und verlangt dem Photographen eine Menge Einfühlungsvermögen ab, wenn er jedes Mal zum Kern der Sache vorstoßen will. Aus diesem Grund erfordert kaum ein anderer Motivbereich so viele Anleihen bei den unterschiedlichen Disziplinen wie dieser : Ein bißchen ist es Landschaft, ein bißchen Architektur, das genaue Hinschauen ist der Dokumentation und der Macrowelt eigen, die Tiefgründigkeit kommt aus der Kunst des Porträts.

Urbane Landschaften

Die Beleuchtung ist für ein gelungenes Stadtporträt von genauso großer Bedeutung wie für eine Landschaftsaufnahme und es lassen sich sogar dieselben Regeln anwenden : Großflächige Übersichten brauchen die dynamischen Schatten der flachen seitlichen Beleuchtung am Morgen oder Abend, um zum Leben zu erwachen. Stehen dagegen Details, feine Farbabstufungen oder die Strukturen verschiedener Baustoffe im Vordergrund, ist wie bei einer intimen Naturszene das gleichmäßige Licht eines bedeckten Himmels gefragt. Auch im Hinblick auf die Kontrastverhältnisse gleichen sich hier wie da die Probleme : Genau wie in einem tiefen Canyon erreicht die Sonne am Vor- oder Nachmittag nur die obere Hälfte der Hochhäuser an der California Street (oder jeder anderen von Menschen gemachten Stadtschlucht) und beläßt den tiefer liegenden Teil im Schatten. - Auch solche urbanen Canyons brauchen also das weit hinunterreichende Mittagslicht oder die manuelle Kontraststeuerung mittels Grauverlauffilter, um im Bild zu wirken.

Skylines

Viele amerikanische Metropolen erkennt man an ein oder zwei markanten Gebäuden, die das Stadtbild weithin sichtbar dominieren und den Ort nach außen repräsentieren. Ein entfernter, möglichst höher gelegener Standpunkt ist in Verbindung mit einer kurzen Brennweite dementsprechend am Besten geeignet, um diese Wirkung einzufangen. Da es sich in der Regel um eine Übersichtsaufnahme handelt, kommen wie oben bereits angesprochen nur der Morgen oder späte Nachmittag als Aufnahmezeiten in Frage. Ein Stadtplan ist hilfreich, um den richtigen Standort zu bestimmen: Blickrichtung Osten, damit die gezackte Silhouette vor dem Sonnenaufgang steht, Blickrichtung Westen, um die am Abend erleuchteten Gebäude vor den Sonnenuntergang zu stellen. Halten Sie die Belichtungszeit dann unter 1 sec, um die Lichter der vorbeifliegenden Flugzeuge als Punkte und nicht als Striche abzubilden. Der Einsatz einer Telebrennweite wird Ihnen darüberhinaus in den meisten Fällen helfen ansonsten unzugängliche Details einzufangen.

Details schaffen Leben

Städte bestehen aus unzähligen Kleinigkeiten, die einen präzisen Blick benötigen, um entdeckt zu werden: Straßenschilder, Reklametafeln, Ein- gangstüren und kaputte Fenster verraten viel mehr über die Bewohner und ihre Gepflogenheiten als es eine Übersichtsaufnahme je könnte. Der bewußte Einsatz der Tiefenschärfe kann die Bildwirkung noch verstärken, indem das Hauptmotiv entweder mit großer Blende freigestellt oder durch die Schärfe einer kleinen Öffnung mit dem Hintergrund verbunden wird. Auch große Bauwerke, normalerweise unübersichtlich und schwer in Bilder zu fassen, können von dem auf

Details bedachten Blick profitieren. Anstatt sich mit nichtssagenden Gesamtansichten aufzuhalten, ist es in solchen Fällen effektiver den Focus auf die interessantesten Einzelheiten zu beschränken und das Gebäude in einer solchen Serie zu porträtieren. Die Brennweiten können zu diesem Zweck vom Normalobjektiv bis zur dramatisch kurzen Perspektive eines Teleobjektivs reichen. Das Stativ hält zur bedachten Bildgestaltung an und verhilft auch bei langen Brennweiten zu ausreichender Tiefenschärfe.

Lichter der Nacht

Nachts sind alle Katzen grau? Weit gefehlt. Wenn nach Einbruch der Dunkelheit die künstlichen Lichter angehen, ist es, als ob sich die Großstädte eine Maske überziehen und ein zweites Ich präsentieren. Allerdings überfordert die Vielfalt der urbanen Beleuchtung selbst Kunstlichtfilm. Er vermag zwar das Licht vieler Glühlampen neutral wiederzugeben und ein Fluoreszenzfilter kann auch den Grünstich der Neonröhren beseitigen, die Natriumdampflampen der Straßenbeleuchtung beispielsweise behalten aber einen grünen Farbstich zurück. So ist es von vorn herein effektiver und stimmungsvoller mit den verschiedenen Farbstichen zu arbeiten und sie durch die warme Charakteristik des Tageslichtmaterials zu betonen. Beginnen Sie den nächtlichen Einsatz nach Möglichkeit schon kurz vor der Dämmerung zur „blauen Stunde", wenn sich das zurückweichende Tageslicht und das einsetzende Kunstlicht für kurze Zeit fabelhaft ergänzen und noch Gebäudeumrisse erkennen lassen. In Blickrichtung Osten wird Ihre Arbeit zudem vielleicht mit einem tollen Abendrot belohnt. Messen Sie die Kontrastverhältnisse sorgfältig aus und legen Sie den Bildausschnitt so, daß übermäßig große Belichtungsunterschiede ausgespart bleiben. Sobald es kein natürliches Licht mehr gibt, können die Belichtungszeiten leicht in den Bereich vieler Sekunden oder sogar einiger Minuten gleiten. - Zeit, um des Herrn Schwarzschild zu gedenken. Er fand heraus, daß sich die Empfindlichkeit photographischer Emulsionen verringert je länger man belichtet bzw. sie sich erhöht je kürzer man belichtet (Ultrakurzzeit Effekt). Dieser Schwarzschildeffekt muß am Abend durch eine verlängerte Belichtung korrigiert werden. Um wieviele Blendenstufen verrät ihnen das Datenblatt des jeweiligen Films. Die parallel auftretende Farbverschiebung tendiert bei vielen Filmen zum warmen Bereich und ist dementsprechend oft willkommen. Viele Gebäude geben erst in der Nacht ein lohnendes Motiv ab, wenn sie angestrahlt werden. Der theatralische Effekt löst sie aus der oft störenden Umgebung und läßt sie besonders imposant hervortreten. Um die Zeit gut zu planen, ist es ratsam sich schon tagsüber bei Polizisten oder Taxifahrern zu erkundigen, welche Bauwerke wann beleuchtet werden. Stark befahrene Straßen eignen sich gut, um die Lichter der vorbeifahrenden Autos als lange Lichtstreifen mit ins Bild einzubeziehen. Wählen Sie dazu einfach einen aussagekräftigen Bildausschnitt, blenden Sie weit ab um eine Belichtungszeit von mindestens 10 sec zu bekommen und warten Sie zum Auslösen den Fahrzeugschwall der nächsten Grünphase ab. Da der Effekt von der Länge der Belichtungszeit auf der einen und der Anzahl der vorbeifahrenden Autos auf der anderen Seite abhängt, sollten Sie in jedem Fall mehrere Versuche mit verschieden langen Zeiten machen. Eine weitere Möglichkeit mit dem künstlichen Licht zu spielen ist der sogenannte Zoomeffekt, wobei der Brennweitenring des Objektivs während der Belichtung vom einen zum anderen Ende durchgezogen wird. Im Ergebnis wird das Hauptmotiv einmal klein und einmal groß mit verbindenden Lichtspuren dazwischen abgebildet. Straßenszenen oder einzelne Neonschilder eignen sich besonders gut für einen Zoombereich von 80 bis 200 mm. Die Belichtungszeit sollte mindestens eine halbe Sekunde betragen, aber Sie sollten ruhig vorher einige Trockenübungen machen. Der Trick ist zwar auch am Tage verwendbar, wirkt aber am Abend viel besser.

Architekturphotographie

Gebäude sind auf den ersten Blick leicht zu photographieren, weil Sie unsere Bemühungen geduldig und ruhig ertragen, und doch verlangen sie uns ob ihrer Größe technisch einiges ab. Gemeint sind die tückischen „stürzenden Linien", die entstehen wenn die Kamera aus einer Position parallel zur Fassade nach oben oder unten geneigt wird, um das Objekt ganz abzubilden. In diesem Fall ist der eine (obere) Teil des Gebäudes weiter von der Filmebene entfernt als der andere (untere, oder umgekehrt) und wird entsprechend kleiner abgebildet. - Es entsteht der Eindruck als würde sich das Gebäude zur jeweils entfernteren Seite hin verjüngen und nach hinten kippen. Dies wird Linearperspektive genannt und meint, daß parallele Linien, die sich vom Betrachtungspunkt entfernen in der Entfernung scheinbar zusammenlaufen. Die bekannten Eisenbahnschienen sind ein griffiges Beispiel dafür. Je kürzer die eingesetzte Brennweite, um so stärker der Effekt, was sich natürlich zur Dramatisierung und damit zur gezielten Bildgestaltung nutzen läßt. So Sie den begehrten Wolkenkratzer aber in Gänze unverzerrt aufnehmen wollen können Sie nun entweder einen entfernteren Standpunkt wählen und dem ihm mit einer längeren Brennweite zu Leibe rücken, was den Nachteil mit sich bringt den Vordergrund nicht immer ganz kontrollieren zu können. Oder ein sogenanntes Shiftobjektiv einsetzen, mit dem sich die Perspektive korrigieren läßt. Shiftobjektive zeichnen zu allererst einen Bildkreis (das vom Objektiv auf die Filmebene projizierte Bild) aus, der das Aufnahmeformat um einiges übersteigt. Der Kleinbildausschnitt von 24 x 36 mm hat also zu allen Seiten Bewegungsfreiheit. Diese nutzt das zweite Merkmal, nämlich die Möglichkeit das Objektiv gegenüber dem Kameragehäuse verschieben zu können. So können Sie die Filmebene parallel zur Fassade halten und mit einer Verschiebung des Bildausschnitts nach oben trotzdem das ganze Gebäude aufnehmen. Verschiedene Kamerahersteller bieten solche Optiken für ihre Systeme an. Alternativ empfiehlt sich der Panorama Shiftadapter der Fa. Zörkendörfer (siehe „Weite im Bild") in Verbindung mit einem Mittelformatobjektiv. Technik hin oder her, wichtig ist es Klarheit darüber zu erlangen, welcher Aspekt des Motivs im Vordergrund stehen soll. Soll die Aufmerksamkeit also auf das Baumaterial gelenkt werden, so sind das Licht und vielleicht Filter wichtig, um Reflexionen zu verhindern oder zu provozieren. Soll die Umgebung als Kontext einbezogen werden oder hat die Isolation die bessere Wirkung ? Soll die Perspektive dramatisch oder formell und gerade sein ? Manchmal fördert erst der probeweise Einsatz verschiedener extremer Brennweiten und Standorte das beste Bild zutage. Sollen bestimmte Formen oder Details abstrakt verfremdet werden ? Gerade die Architektur mit ihren in der Regel exakten geometrischen Mustern verleitet zum Spielen mit besonders knappen Ausschnitten.

San Francisco

● Höhenlagen zwischen dem Niveau des Meeresspiegels
und 285 m am Mount Davidson
● San Francisco selbst hat nur rund 875 000 Einwohner,
mit den umgebenden neun Gemeinden der Bay Area
steigt die Zahl auf 7,7 Millionen
● Gute 20 Millionen Besucher pro Jahr

*„Es schien eine Sache von Minuten zu sein, als wir in den Ausläufern
vor Oakland zu rollen begannen und plötzlich eine
Höhe erreichten und vor uns die fabelhafte weiße
Stadt San Francisco auf ihren elf mystischen
Hügeln mit dem blauen Pazifik und seiner vor-
rückenden Wand aus Kartoffelackernebel dahinter und Rauch und Gold im späten Nachmittag
der Zeit liegen sahen."*
Jack Kerouac, *On the Road*

Wie, Wo, Was

Wer sich noch an die Kultserie der 1970er „Die
Straßen von San Francisco" erinnert, wird vielleicht
noch wissen, dass er es damals kaum für möglich
hielt, wie steil die Avenues und Boulevards darin
erschienen. - Nun, nach einem Fußmarsch durch
die Stadt kann am Wahrheitsgehalt der Fernsehbil-
der kein Zweifel mehr bestehen!

Und da sind wir gleich bei einem der prägends-
ten Themen dieser Metropole: Stadtlandschaft
sagen wir und meinen damit fast immer das
urbane Muster aus bebauten und unbebauten Flä-
chen, die sich aus den Reihen der schattenwerfenden Hochhausnadeln ergebende charakteristische
Himmelslinie, den Verlauf der Straßen und Fußwege. Von der Topographie, die eine Landschaft
eigentlich bestimmt, ist selten die Rede, denn nur
allzu oft musste sie sich den städtischen Erforder-
nissen unterordnen. Ganz anders hier: 43 Hügel
liegen San Francisco zu Grunde und lassen das
Gelände auf engem Raum vom Meeresspiegel bis
auf 285 Meter ansteigen. - Ein Erbe, das zu ver-
leugnen unmöglich wäre und uns beeindruckende
Ansichten, Einsichten und Ausblicke ermöglicht.
Aber damit ist es nicht getan. Diese Stadt ist kom-
plizierter und nicht nur darauf zu reduzieren.

Motive in San Francisco

● Cable Cars im Vorder-
grund der Transamerica
Pyramide oder der Pago-
dendächer von Chinatown

● Der Blick durch die Straßenschluchten die Hügel
hinauf oder hinunter

● Blick die Lombard Street
hinauf mit den im Sommer
blühenden Hortensien am
Straßenrand

● Blick von einem hoch-
gelegenen Punkt über die
Stadt mit Alcatraz oder
dem Golden Gate im Hin-
tergrund

● Stadtansicht mit der
Golden Gate Bridge von
Battery Spencer

● Ansichten oder Details
der wunderbaren viktoria-
nischen Holzhäuser sowie
Bilder, die die architekto-
nische Vielfalt der Stadt
dokumentieren

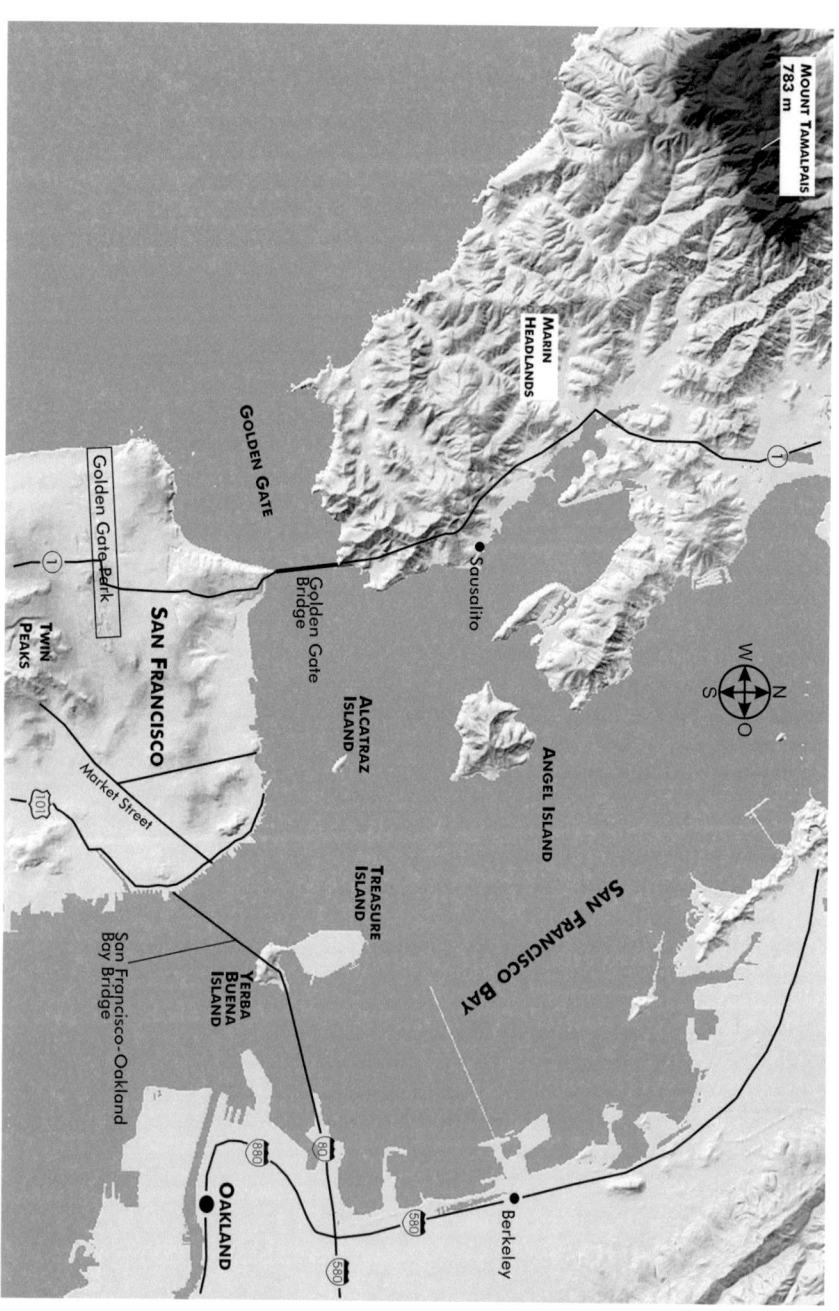

Mount Tamalpais 783 m

Marin Headlands

Golden Gate

Golden Gate Park

Sausalito

Golden Gate Bridge

San Francisco

Twin Peaks

Alcatraz Island

Angel Island

Market Street

Treasure Island

San Francisco Bay

San Francisco-Oakland Bay Bridge

Yerba Buena Island

Oakland

Berkeley

Das außerordentlich abwechslungsreiche Stadtbild, in dem mehr als 150 Jahre alte viktorianische Fassaden neben der Postmoderne stehen, verdeutlicht die Bindung der Baybewohner an ihre Geschichte. Per Bürgerbegehren wurden eine Maximalhöhe für Wolkenkratzer durchgesetzt und Baumaßnahmen gestoppt, die die Stadt in ihrem Kern verändert hätten. - Große Leistungen in einem immer höher hinausstrebenden Kalifornien, aber nicht zu Unrecht bezeichnen viele San Francisco als „das letzte großstädtische Dorf Amerikas". Solch durchschlagende Wirkung muss aus dem Herzen kommen und erst wenn man das Sprachenwirrwarr zwischen Chinatown, Japantown, dem spanisch geprägten Mission District oder dem noblen Angloviertel Pacific Heights hört, erkennt man, dass die Offenheit, die Fähigkeit alle fremden Einflüsse aufzusaugen, der wahre Motor dieser Stadt ist und ihr zu immer während Jugend verhilft.

Typisch San Francisco:
Cable Car und Transamerica Pyramide

Jugend, die vielleicht auch etwas mit dem anscheinend immer währenden Frühling an der Bay zu tun hat. - Eine kalte Strömung im Pazifik lässt die Temperaturen im Sommer selten über 25° C steigen, hält sie dafür aber auch in den Wintermonaten konstant um die 10° C. Sie erklärt auch den schon berühmten Morgennebel während der Sommermonate: San Francisco liegt an einer Unterbrechung, quasi einem Durchlass, in der Kette des Küstengebirges und hier entweichen die über dem Great Central Valley aufgeheizten Luftmassen gen Westen, um sich mit der Kaltluft vor der Küste zu mischen. So entsteht Nebel quasi unter Laborbedingungen. Aber keine Angst, die Sonne löst die photogen um die Pylone der Golden Gate Bridge wabernden Schwaden bis zum späten Vormittag auf. Am Nachmittag weht oft ein kräftiges Lüftchen von See her und lässt auch im Sommer eine warme Jacke angeraten erscheinen. Die besten, weil mit den stabilsten Wetterlagen gesegneten Monate sind April und Mai sowie September und Oktober.

Das Presidio ist gerade weit genug entfernt, um die Dimensionen der Brücke natürlich einzufangen

Im Jahreslauf heben sich neben vielen anderen vor allem die folgenden Festlichkeiten hervor: Das chinesische Neujahrsfest Anfang Februar bietet traditionell einen bunten Festumzug durch Chinatown und den Financial District. Das japanische Kirschblütenfest Mitte bis Ende April lockt mit Tanz und Kultur im Japan Center. Die Schwulen- und Lesbenparade zählt zu den größten Festivitäten der Stadt. Sie verwandelt die Market Street Ende Juni in einen Hexenkessel. Der Columbus Day (2. Montag im Oktober) wird mit einem großen Festumzug auf der Columbus Avenue begangen.

Wegweiser

San Francisco liegt auf der Nordspitze einer rund 40 km langen Halbinsel, die die San Francisco-Bay im Osten vom Pazifik im Westen trennt. Die wichtigsten Sehenswürdigkeiten verteilen sich hier auf einen Bereich von 11 x 5 km. Über Festland geht es also nur von Süden in die Stadt, zum Beispiel über die I-280 oder den sagenumwogenen Highway No 1. Im Norden führt die berühmte Golden Gate Bridge eben jenen Highway 1 über die gerade mal 1,5 km schmale Enge des Golden Gate zur Marin Halbinsel, im Osten sorgt die Bay Bridge für den wichtigen Anschluss an das Industrie- und Hafenzentrum Oakland.

Wenn man sich wie hier an drei Seiten vom Wasser umgeben findet und kaum Wachstum möglich ist, wird Raum zu einer teuren Ressource. Das mussten schon viele Alteingesessene spüren, für die der Wohnraum im Zentrum nach den Mietsprüngen des Dotcom-Booms der 1990er Jahre nicht mehr zu bezahlen war. - Ein Faktor, der den Mix der Bevölkerung nicht unwesentlich verändert hat. Für den Besucher heißt es möglichst auf ein eigenes Fahrzeug zu verzichten (Parkplätze sind rar und kosten auch an Hotels ab 10 $ pro Tag aufwärts), statt dessen ein zentral gelegenes Quartier zu wählen und sich mit den öffentlichen Verkehrsmitteln fortzubewegen.

Die Cable Cars decken mit ihrem 20 km langen Netz allein schon einen zu Fuß nur schwer zu bewältigenden Teil des Zentrums ab. In ihrer Blütezeit zu Beginn des 20. Jahrhunderts befuhren fünf Unternehmen ein rund 180 km langes Streckennetz, aber

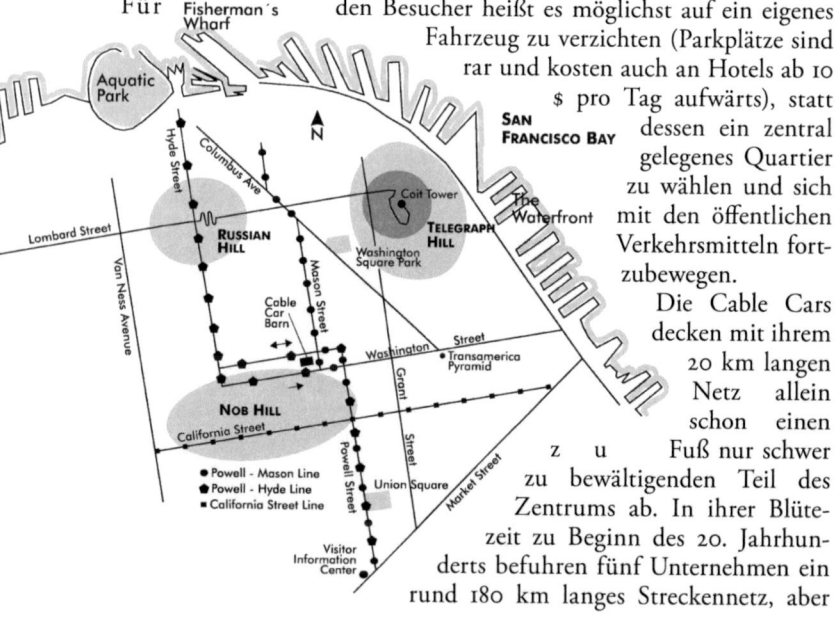

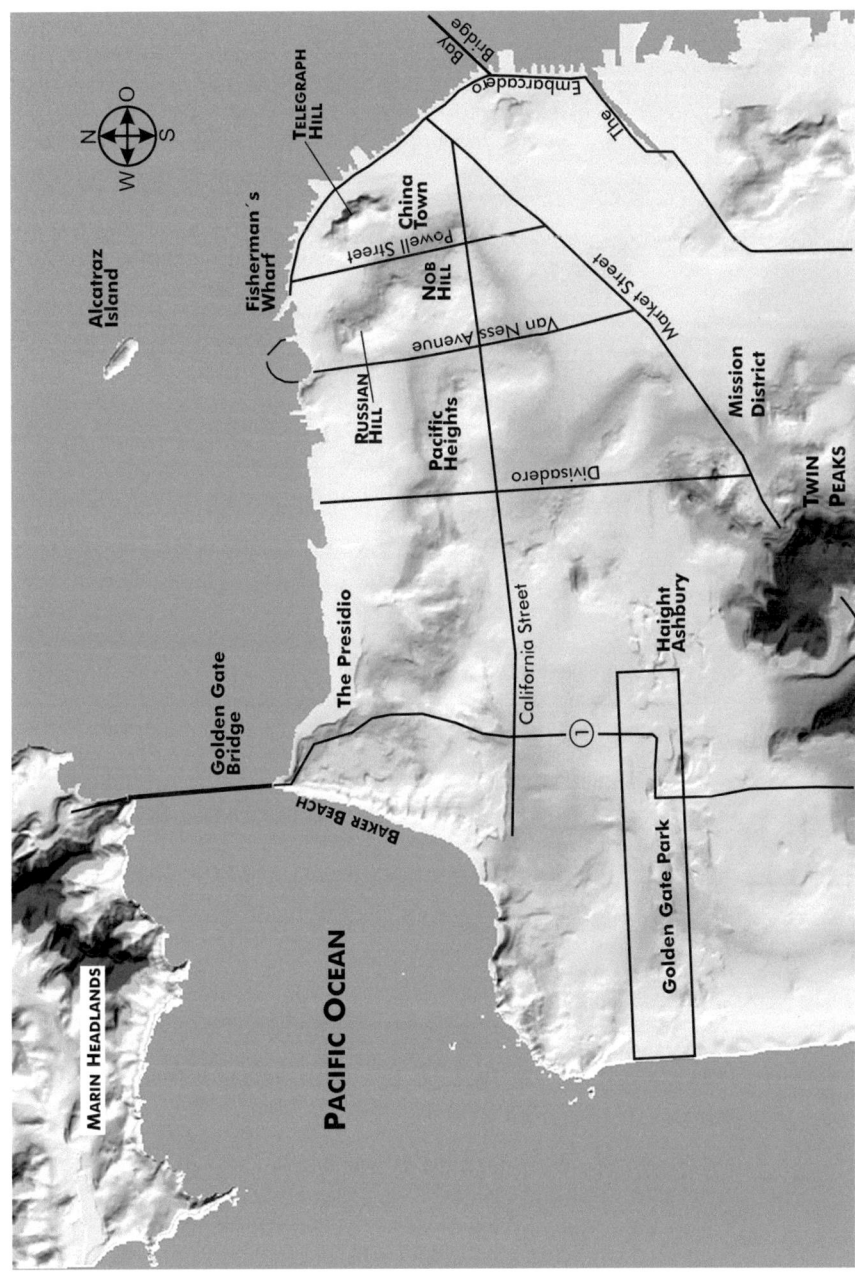

die Elektrifizierung ließ die kleinen Wagen bis zum Ende der 1940er Jahre beinahe völlig verschwinden. Dank der durchsetzungsstarken Bevölkerung, die die Stadt mit mehreren Bürgerbegehren dazu zwang,

Die Hügelspitzen gewähren gute Einblicke in die Straßenschluchten

ist es zu verdanken, dass die drei verbliebenen Linien erhalten wurden. - Gott sei Dank muss man sagen, denn ohne eine Fahrt mit den quietschenden und rumpelnden Apparaten wäre kein Besuch komplett und San Francisco hätte viel mehr als nur ein Transportmittel verloren. Heute haben die Cable Cars sogar den Status eines nationalen Wahrzeichens inne und können beweisen, dass ihre simple Technik noch immer funktioniert: Die Wagen selbst kommen ohne Motor aus und greifen statt dessen mit einer Klaue auf ein in der Straße laufendes Kabel zu. Die Stahlkabel, für jede Linie eins, werden an einer zentralen Stelle, dem Cable Car Barn, von Elektromotoren in Bewegung versetzt und über unzählige Umlenkrollen geleitet. Bergab rollen die Wägelchen von allein, der Gripman kann die Verbindung zum Kabel lösen und muss sich nun auf das Bremsen konzentrieren. Die Powell-Mason Linie und die Powell-Hyde Linie überqueren Nob Hill und Russian Hill von Süden nach Norden und verbinden die Ecke Powell und Market Street mit der Gegend um Fisherman's Wharf. Die California-Van Ness Linie kreuzt Nob Hill von Osten nach Westen und verbindet das Embarcadero Center mit der wichtigen Schlagader Van Ness Avenue. Zusteigen können Sie an allen braun-weiß markierten Haltestellen entlang den Strecken und natürlich an den hölzernen Drehtellern an jedem Ende. Die Cable Cars verkehren täglich zwischen 06:30 und 24:00 Uhr im Zwölfminutentakt. Die einzelne Fahrt kostet 5 $, die Tageskarte schlägt mit nur 11 $ zu Buche. Für einen längeren Aufenthalt empfiehlt sich beispielsweise ein Dreitagepass, der die Benutzung aller öffentlichen Verkehrsmittel einschließt.

Der einzige relativ stadtnah gelegene Campingplatz ist der San Francisco Candlestick RV Park am Candelstick Stadium im Südosten und bietet einen Shuttleservice ins Zentrum. Das gut ausgestattete Visitor Information Center finden Sie auf der unteren Ebene der Hallidie Plaza an der Ecke Powell und Market Street.

Geographische Orientierung und die photogensten Tageszeiten

Eine Stadt ist im Prinzip wie eine spektakuläre Landschaft zu behandeln. Das möglichst von der Seite einfallende Licht der niedrigstehenden Sonne am Morgen und Abend spielt auch hier eine wichtige Rolle. Es gilt die Kernpunkte der urbanen Landschaft herauszuarbeiten: Wo finden sich Linien und markante Punkte?

An erster Stelle sind hier natürlich die hoch gelegenen, Überblick gebenden Hügelspitzen zu nennen sowie die Stellen, an denen die Topographie getrennt ist, wo also Brücken das Wasser überqueren und es erlauben, einen Schritt zurück zu treten. Hier gilt: Je großflächiger das Motiv ist, umso flacher muss das Licht sein, um Wirkung zu erzielen. Übersichten und Skylineshots funktionieren also bei oder kurz nach Sonnenaufgang und kurz vor Sonnenuntergang am besten. Dann sorgen die erleuchteten Fenster der Häuser für zusätzlichen Reiz.

Und umgekehrt wird auch ein Schuh daraus, denn je tiefer Sie sich in die Stadt begeben, je mehr Sie sich auf Details konzentrieren, um so unwichtiger wird das gerichtete Licht und um so effektiver arbeiten Sie mit der diffusen Beleuchtung eines bedeckten Tages. Das rollende Auf und Ab der Hügel hier in San Francisco versetzt uns in die komfortable Lage, auch den höheren Sonnenstand am Mittag in gute Bilder zu verwandeln. Durch die geradlinigen Schneisen der großen Boulevards werden diese Anstiege in der darüber gestülpten Bebauung wieder richtig sichtbar. Die Sonne in Ihrem Rücken würzt dieses Auf und Ab mit belebenden Schattenpartien. Für den richtigen Hintergrund sorgen entweder die Hochhauskulisse am Embarcadero oder das blaue Wasser des Golden Gate.

Aber das Leben einer Stadt beschränkt sich natürlich nicht nur auf die hellen Tagesstunden, auch die künstliche Beleuchtung setzt eigene Akzente. Chinatown oder der Union Square beispielsweise sind zwar zur Mittagszeit von hektischem Leben erfüllt, treten nach Einbruch der Dunkelheit aber in einer ganz anderen Maske auf. Nach einem reichhaltigen Mittagessen halten Sie aber bestimmt lange genug durch, um auch diese Photofreuden auszukosten!

Photographische Besonderheiten

In San Francisco lauert hinter fast jeder Ecke ein neues Motiv und ich garantiere, dass Sie alle Ihre Brennweiten vom Weitwinkel bis zum langen Tele brauchen werden. Da Ihnen die Cable Cars, Busse und Straßenbahnen aber viel Lauferei ersparen können, fällt es nicht allzu schwer, das Equipment vollständig am Mann oder an der Frau zu haben. - Das schließt das für Architekturstudien und Langzeitbelichtungen am Abend wichtige Stativ mit ein. Um diese Szenen am Tagesende farbrichtig auf analogem Silberfilm wiederzugeben, sollten Sie auch den Einsatz von Kunstlichtfilm in Erwägung ziehen.

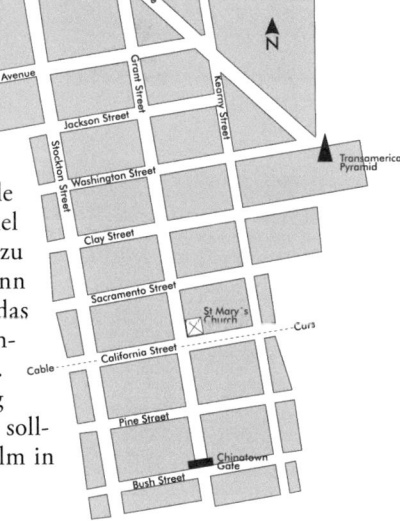

Union Square, das Herz der Stadt

Chinatown - immer geschäftig

Karneval der Kitschkultut: Fishermans Wharf

Motive in San Francisco - Erste Runde: Union Square, Chinatown, Cable Car Barn, Lombard Street, Fisherman´s Wharf, Telegraph Hill

Die zentral gelegene Kreuzung von Powell und Market Street ist ein guter Ausgangspunkt, um die ersten Eindrücke von San Francisco zu gewinnen. Hier können Sie sich im Besucherzentrum im Untergeschoss der Hallidie Plaza mit den aktuellsten Informationen eindecken, bevor Sie am Ende der Powell Street einen Cable Car besteigen. Sie werden vermutlich einen Moment in der Schlange anstehen müssen, was Ihnen Gelegenheit gibt, das Umdrehen der Fahrzeuge auf dem hölzernen Drehteller im Bild festzuhalten. Am Abend drängt es sich auf dies mit einer kreativ-langen Belichtungszeit zu tun und so die Drehbewegung durchscheinen zu lassen. Andersherum können Sie die Kamera an anderer Position mit der Bewegung des Cable Car oder eines anderen Fahrzeugs mitziehen. Dazu wählen Sie die Belichtungszeit ruhig im Bereich 1/15 oder 1/8 sec, stellen auf das Hauptmotiv scharf und ziehen die Kamera (schon vor dem Auslösen) während der Belichtung mit der Bewegung mit. So erreichen Sie eine Abbildung, in der das scharfe Hauptmotiv vor einem dynamisch-verzerrten Hintergrund steht. Eine auch am frühen Abend gut ausgeleuchtet große Straßenkreuzung, wie Sie sie beispielsweise an der Powell Street oder der Columbus Avenue häufig finden, erscheint im Fall der Cable Cars dafür gut geeignet.

Die erste Haltestelle auf dem Weg die Powell Street hinauf ist der kleine grüne Union Square. Rund um den Platz erheben sich die Titanen des Konsums: Macys Department Store, Chanel, Levis, Tiffany, Armani und das Virgin Records Superstore, um nur die wichtigsten zu nennen. Wenn Sie etwas Ausgefallenes suchen, hier finden Sie es ganz bestimmt! Eine Übersicht aus erhöhter Lage können Sie zum Beispiel aus dem zweiten oder dritten Stock des Borders Books Gebäudes Ecke Powell und Post Street aufnehmen.

Lombard Street - Ein Meer aus Hortensien

Direkt von der Cable Car Haltestelle schauen Sie die den Nob Hill hinaufwogende Powell Street entlang. Ein guter Blick am Vormittag, wenn die Sonne für abwechselnde Licht- und Schatteninseln sorgt. Am besten verdichten Sie die Perspektive mit einem leichten Tele und warten bis sich weiter oben zwei Cable Cars treffen und passieren. Achten Sie bei den hier ebenfalls reizvollen Gegenlichtsituationen des späten Nachmittags darauf, die Belichtung um rund 2 Stufen zu erhöhen, um die Zeichnung in den schattigen Bildbereichen zu erhalten.

Oben auf dem Hügel angekommen blicken Sie die California Street hinunter in die Hochhausschlucht des Financial Districts. - Mit der markanten Spitze der Transamerica Pyramide im Hintergrund wird daraus ein wirklich typisches Bild der Stadt.

Chinatown ist der nächste lohnende Stop. Wechseln Sie an der Ecke Powell- und California Street in einen Wagen der California Street Line und fahren Sie zwei Blöcke nach Osten bis zur Kreuzung mit der Grant Street. Hier sind Sie mitten im Zentrum der mit einer Ausdehnung von 24 Häuserblöcken größten chinesischen Gemeinde außerhalb Asiens. Das markante grün gedeckte Chinatown Gate, das inoffizielle Eingangstor dieses Stadtteils, finden Sie zwei

Vom Russian Hill aus schein Alcatraz zum Greifen nah zu sein

Russian Hill und Lombard Street vom Telegraph Hill

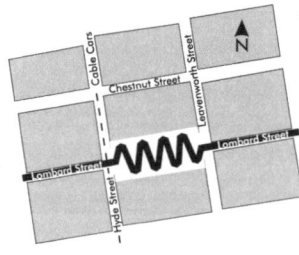

Blöcke südlich Ecke Grant- und Bush Street. Die Republik Taiwan schenkte es der Stadt 1970 und die Darstellungen sprechen in der asiatischen Symbolik eine deutliche Sprache: Der Drache verheißt Fruchtbarkeit und Macht, die Fische stehen für Wohlstand und die Hunde halten die bösen Geister fern. Mit dem hohen Sonnenstand der Mittagszeit fällt genug Licht in diesen Bereich, um ihn schattenlos auszuleuchten. Grant Street war zu Beginn des 19. Jahrhunderts die Hauptstraße San Franciscos. Heute hat sich hier das touristische Chinatown etabliert. Ein authentischeres Bild der Lebensgewohnheiten finden Sie an den westlich gelegenen Seitenstraßen und vor allem an der Stockton Street. An vielen Stellen können Sie hier wie dort die markante Spitze der alles überragenden Transamerica Pyramide zu interessanten Kombinationen nutzen. Für farbstichfreie Aufnahmen der diversen exotischen Auslagen in den Geschäften und die bunten Lichter am Abend auf Silberfilm eignet sich Kunstlichtfilm sehr gut. Digitalphotographen denken daran, den Weißabgleich zwischenzeitlich umzustellen, um neben der richtig abgestimmten leicht kühlen Anmutung auch eigentlich falsch abgestimmte, dafür aber charakterlich wärmere Bilder im Speicher zu haben.

Weil es sich hier so schön geht, setzen Sie Ihren Spaziergang noch zwei Blöcke weiter nach Westen fort. An der Ecke Washington und Mason Street erreichen Sie dann den Cable Car Barn. Hier liegt das pochende Herz der Cable Car Linien, in dem die dicken Stahlseile in Bewegung gesetzt werden. Aus dem ersten Stock des Gebäudes können Sie den Elektromotoren dabei zusehen. Den durch die Leuchtstoffröhren verursachten Grünstich des analogen Aufnahmematerials verhindert ein Fluoreszenzfilter zuverlässig. Hier gibt es auch ein kleines Museum, das die Geschichte dieses Nahverkehrsmittels illustriert. Im Untergeschoss können Sie verfolgen, wie die Antriebsseile über Umlenkrollen hinaus unter die Straße geleitet werden.

Die Sacramento Street ist Chinatowns pulsierende Mitte

Wenn die Füße schon ein wenig müde sind, besteigen Sie hier wieder einen Wagen der Powell- und Hyde Linie, der Sie in kürzester Zeit durch die engen Straßen unterhalb des Nob Hill und hinauf zum Russian Hill bringt. Aussteigepunkt ist hier die Kreuzung mit der Lombard Street. - Der Name ist geläufig, was? Die Lombard Street durchquert den gesamten nördlichen Teil San Franciscos ohne dabei viel Aufsehen zu erregen. Nur auf dem Stück den Russian Hill hinunter, zwischen Hyde- und Leavenworth Street, spielt sie sich als „Crookedest Street [krummste Straße] of the World" in den Mittelpunkt des Interesses: Auf einer Länge von nur 125 m macht sie hier die weltbekannten acht Kehren, die jeder einmal hinunterfahren möchte. Lombard Street passt nicht ganz in diesen Tagesablauf, da der kurvenreiche Teil nach Osten schaut und das beste Licht somit am Morgen erhält. Den besten Blick haben Sie von der Ostseite der Leavenworth Street, also von unten nach oben. Eine leichte Telebrennweite verdichtet die Kurven von hier aus sehr schön und ein oben an der Hyde Street haltender Cable Car komplettiert die Aufnahme. Die Hortensienbeete an den Flanken der Serpentinen wurden übrigens von freundlichen Anwohnern angelegt. Von Mai bis Juni stehen die Blumen in voller Blüte und bereichern jedes Bild mit ihrer Farbenpracht. Aber Lombard Street ist nicht

Abends eine Augenweide:
Der Coit Tower auf Telegraph Hill

die einzige wirklich steile Straße in San Francisco: Nur einen Block südlich messen wir an der Filbert Street (ebenfalls zwischen Hyde- und Leavenworth Street) ganze 31,5° und die Vermont Street macht auf dem Abschnitt zwischen 20. und 22. Straße im Südosten der Stadt auf nur 82 m beachtliche sechs Kehren.

Von der Kuppe des Russian Hill haben Sie ebenfalls einen sehr guten Teleblick nach Osten auf den am Nachmittag gut beleuchteten Telegraph Hill mit dem markanten Coit Tower an der Spitze. Von der Ecke Hyde- und Chestnut Street, nur einen Block weiter nördlich, schauen Sie den talwärts strebenden Cable Cars hinterher über die Piers des Aquatic Parks auf die ehema- lige Gefängnisinsel Alcatraz. Eine Telebrennweite rafft die Perspektive auch hier und lässt den Hintergrund ein wenig größer erscheinen.

Mit ihrem Endpunkt an der Ecke Beach Street hat Sie die Powell- und Hyde Cable Car Linie nun mitten in den „Ganzjahreskarneval" von Fisherman's Wharf gebracht. In den 1880er Jahren war dieser rund 1,5 km lange Bereich zwischen Aquatic Park im Westen und Pier 39 im Osten das aktive Zentrum der sizilianisch dominierten Fischindustrie von San Francisco. Die wenigen verbliebenen Profifischer können Sie ganz früh am Morgen, bei Sonnenaufgang, am Pier 45 beim Entladen des frischen Fangs beobachten. Entlang der Jefferson Street können Sie stetig wechselnde Szenen aus Andenkenbuden, Karussells, Fahrgeschäften und Gauglern, Pieranlagen und offenen Garküchen vor der Kulisse aus Alcatraz Island und der San Francisco-Bay aufnehmen. - Wenn Sie mögen. Das aus Film und Fernsehen bekannte Fisherman's Wharf Sign finden Sie an der Kreuzung Jefferson- und Taylor Street. Die beste Übersicht haben Sie vom westlichen Ende des Municipal Pier, von wo aus Sie zur Abwechslung den Coit Tower in den Hintergrund stellen können.

Und genau dahin sollten Sie sich jetzt am vermutlich schon späten Nachmittag auch begeben, um die hereinbrechende Dämmerung über der Stadt zu erleben. Folgen Sie einfach dem die Jefferson Street nach Osten fortsetzenden Embarcadero Drive bis zur markanten roten Levis Plaza. Auf der Rückseite des ansehnlichen Komplexes gelangen Sie von der Sansome Street über die hölzernen Treppenkaskaden der Greenwich- oder Filbert Steps hinauf zum Telegraph Hill. Den bemerkenswerten 63 m hohen Art Deco Turm an seiner Spitze haben wir der exzentrischen Millionärin Lillian Hitchcock Coit und ihrer Liebe zur freiwilligen Feuerwehr zu verdanken. Nach ihrem Tod im Jahr 1929 hinterließ Sie 100 000 \$, um allen Feuerwehrmännern ein Denkmal zu setzen. Den Zugang zur Aussichtsplattform des Turms müssen Sie sich mit 3 \$ erkaufen (10:00 bis 18:00 Uhr, im Sommer bis 19:30 Uhr). Da aber keine Stative zugelassen sind, werden Sie gegen Abend nur schwer zu guten Aufnahmen kommen. Macht aber nichts, denn die davor gelegene Plaza rund um die Statue von Christoph Columbus bietet beinahe genauso gute Ausblicke auf die Stadt: Im Nordwesten vereinigt eine lange Telebrennweite die Golden Gate Bridge mit der hinter ihr im Pazifik versinkenden Sonne. Im Westen können Sie die Lichter der Autos auf den Serpentinen der Lombard Street mit einer Belichtungszeit im Bereich von 30 sec in lange Streifen verwandeln und so den kurvigen Verlauf der Straße im Halbdunkel nachzeichnen. Ein zwei- oder vierstufiger Neutralgraufilter verhilft zu einer Belichtungszeit dieser Länge. Nach Norden schauen Sie auf die erleuchteten Piers von Fisherman's Wharf direkt unterhalb des Hügels. Im Osten reflektieren die an den Hängen der Berkeley Hills gelegenen Häuser das feine Licht der untergehenden Sonne. Bleiben noch das weiße Ferry Building, die Bay Bridge und die Transamerica Pyramide im Süden hervorzuheben. An einem klaren Abend, vorzugsweise einem Vollmonddatum, an dem der Mond über Oakland im Osten aufgeht, ist dies also der Ort, an dem man das Stativ aufstellen muss!

Mit dem Auto gelangen Sie übrigens nur über die Lombard Street hinauf zum Coit Tower. Alternativ können Sie ab dem Washington

Square die Busse der Linien 39 benutzen. Dieser kleine Park an der Columbus Street gibt auch einen lohnenden Vordergrund für den Blick von unten den Telegraph Hill hinauf ab. Sofern Sie nach den vielen Motiven dieses langen Tages noch etwas Energie haben, bietet sich für den Rückweg ins Zentrum der nochmalige Bummel durch das nun von vielen Lichtern erhellte Chinatown an. Folgen Sie einfach der Grant- oder Stockton Street am Fuß des Hügels nach Süden.

Zwischenrunde: Die Golden Gate Bridge

„Die Bewohner der San Francisco Bay Area empfinden diese Brücke als eine Einheit und lieben sie. Sie bewundern ihre lebendige Anmut und ihre herrliche Umgebung. Sie reagieren auf ihre vielen Stimmungen, ihr warmes und lebhaftes Leuchten in der frühen Sonne, ihr scheinbares Spiel mit oder ihre Verachtung von aufkommendem Nebel, ihre zurückhaltende schattenhafte Form vor dem Sonnenuntergang, ihre schöne Erscheinung in ihren Lichtern bei Nacht. Seinen Vertrauten erscheint sie als „Hüter des Golden Gate." Kein Autor überliefert

Acht große Straßenbrücken queren die San Francisco-Bay, darunter die bemerkenswerte 13,2 km lange San Francisco-Oakland Bay Bridge. - Dagegen nehmen sich die 2789 m der Golden Gate Bridge beinahe bescheiden aus und doch ist sie bis heute die Königin geblieben. Keine andere Brücke auf der Welt kann es in puncto Popularität mit ihr aufnehmen und San Francisco wäre ohne sie heute kaum denkbar. Dazu haben ihre einsame Lage am stürmischen Golden Gate, ihre Eleganz und auf den ersten Blick merkwürdige Farbe und bestimmt auch das durch sie mobilisierte wirtschaftliche Potenzial in den nördlich gelegenen Counties maßgeblich beigetragen. - Brücken schlagen Verbindungen, wo Mutter Natur keine vorgesehen hatte und die Golden Gate Bridge gibt uns das besonders starke Gefühl als Sieger aus dem unendlichen Wettstreit mit ihr hervorzugehen. Glücklicherweise erlaubt es uns die Topographie auf beiden Seiten des Golden Gate die Brücke

Erster Blick auf die Länge der Golden Gate Bridge vom Südende

aus den verschiedensten Blickwinkeln zu betrachten und alle ihre Facetten in Bilder zu fassen. Dabei kann man leicht einen ganzen Tag zubringen, denn jede Tageszeit sieht das beste Licht auf einer anderen Seite: Der Vormittag ist für Ansichten von Osten prädestiniert, am Nachmittag arbeiten Sie am geschicktesten von den Marin Headlands oder dem Baker Beach mit der im Westen stehenden Sonne.

Beginnen wir die Suche nach den geeignetsten Standpunkten am Visitor Center auf der Südseite. Sie erreichen es vom Zentrum aus am besten mit einem Bus der Golden Gate Transit Lines ab der Haltestelle Ecke 5th- und Mission Street, nur einen Block südlich des Visitor Centers an der Hallidie Plaza. Hier finden Sie neben dem Abriss der Baugeschichte auch ein Fragment der 1 m dicken Kabel, die die Brücke halten. Gleich oberhalb des Parkplatzes können Sie den diagonalen Spann der Brücke aus südöstlicher Position mit den Bäumen des kleinen Parks im Vordergrund und den sanften Hügeln der Marin Headlands dahinter aufnehmen. Und genau wie es der Architekt Joseph Strauss vorhergesagt hatte, „kontrastiert die Farbe der Brücke hervorragend mit den grünen Hügeln des Marin County, mit dem blauen Himmel und dem Wasser." - Ein kleiner Dreh am Polarisationsfilter gibt diesem Eindruck den letzten Schliff. Der kurze Fußweg zum Fort Point führt Sie nach Nordosten den Hang hinunter zur Wasserlinie und damit in gute Position, um das beste Morgenpanorama des Golden Gate und der Brücke aufzunehmen. Der steile Blickwinkel sorgt dabei für zusätzliche Dramatik. Der dreigeschossige

Fast nicht zu überbieten: Der Blick von Battery Spencer

Bau des Forts sollte die Stadt während des Bürgerkriegs schützen, aber keine der Kanonen hat jemals einen Schuss abgefeuert. Die Lage direkt unter der Brücke verlangt geradezu nach dem kürzesten Weitwinkel in Ihrem Sortiment und ermöglicht einen an Spannung schwer zu überbietenden Blick entlang der ganzen Unterseite des Bauwerks. Aber Obacht: Die großen

Felsen brechen die hohen Wellen und oft schwappt mehr Wasser an Land als einem lieb ist! Der dritte gute Standort auf der Südseite der Brücke ist der rund 1,5 km lange sandige Baker Beach auf der dem Pazifik zugewandten Seite der Landspitze. Der Blick von Westen prädestiniert ihn für den späten Nachmittag oder Sonnenuntergang und setzt die Golden Gate Bridge an den rech-

Fort Point liegt unter der Brücke und dramatisch nah am engen Durchlass des Golden Gate

ten Rand eines Panoramas aus sanft anlandenden Wellen und grünen Hügeln. Mehr Dynamik bekommen Sie, wenn Sie sich der Brücke von Süd nach Nord nähern, die Perspektive also steiler werden lassen und die markanten schwarzen Felsen vor dem Ufer in den Vordergrund rücken. Um hierher zu gelangen, unterqueren Sie vom Visitor Center aus die Rt-101 und folgen dem Lincoln Boulevard nach Westen bis zur Battery Cranston Road. Von der alten Befestigungsanlage geht's dann über hölzerne Treppen hinunter zum Strand.

Die drei Aufnahmestandorte auf der Südseite spielen die Brücke in den Vordergrund der Marin Headlands. Die Nordseite gestattet es Ihnen dagegen auch San Francisco mit ins Bild einzubeziehen. So Sie den Weg zu Fuß zurücklegen können Sie schon vom Mittelteil den freien Blick auf Alcatraz und das Zentrum San Franciscos' zu einem guten Bild nutzen. Da der vom Pazifik kommende Wind zu jeder Jahreszeit sehr kalt sein kann, macht sich hier ein Pullover absolut bezahlt. Der stark frequentierte Vista Point auf der anderen Seite bietet in der Hauptsache denselben Blick auf die Stadt, gestattet aber auch

ein einzigartiges anderes Bild: Wenn Sie sich auf der östlichen Seite des Parkplatzes direkt an der niedrigen Mauer und ganz nah an der Straße positionieren, können Sie die beiden Pylone der Brücke mit der gestrafften Perspektive eines langen Teleobjektivs (mindestens 400 mm) genau hintereinander stellen. Die untere Öffnung des nördlichen Pfeilers rahmt dann in

Baker Beach schaut frisch und unverbraucht auf die Brücke

In Stahl gegossene Macht: Der südliche Pylon der Golden Gate Bridge

diesem Hochformat den südlichen Kollegen.

Um zu den höher gelegenen Aufnahmepositionen in den Marin Headlands zu gelangen, folgen Sie der Highwayausfahrt hinter dem Vista Point (Ausfahrt Alexander Avenue) und halten Sie sich anschließend links, um unter der Brückenrampe auf die andere Seite der Rt-101 zu kommen. Kurz bevor die Straße wieder zurück auf den Highway führt zweigt die Conzelman Road nach Westen ins Golden Gate National Recreation Area ab. Der Anstieg hier hinauf ist zwar steil, aber schon nach wenigen hundert Metern erreichen Sie die von den Überresten einer alten Geschützstellung markierte Battery Spencer, einem der besten Aussichtspunkte in der Umgebung von San Francisco. Die Straße hat Sie hier hinauf wieder ein Stück weit nach Süden geführt und so ist es nicht überraschend, dass Sie sich ganz nah am Nordturm der Brücke wiederfinden, ihn beinahe mit den Händen greifen können. Diagonal schiebt sich das Bauwerk von links unten ins Bild und wenn Sie den Standpunkt geschickt wählen, können Sie die ganze Skyline der weit hinten liegenden Stadt zwischen den Stahltrossen rahmen. Am späten Nachmittag bringt die tief in Ihrem Rücken stehende Sonne den orangenen Stahl zum Glühen und versorgt auch die Spitzen der Hochhäuser noch mit etwas Licht. Im Sommer sind Sie hier oben hoch genug, um aufzunehmen, wie die Brückenpfeiler den niedrigen Vormittagsnebel durchstoßen. Um die Perspektiven zu komplettieren, führt ein knapp 1,5 km langer Wanderweg vom Aussichtspunkt durch den Zypressenwald hinunter zum Strand von Kirby Cove. Dies ist der einzige Punkt, von dem aus Sie die Golden Gate Bridge vom Niveau des Wasserspiegels vor die Silhouette der Stadt stellen können. Für den Weg hin und zurück plus Aufenthalt sollten Sie ruhig 2 Std. einplanen. Direkt über der kleinen Bucht und rund 1200 m westlich der Battery Spencer liegt der Kirby Cove Viewpoint. Von dort aus können Sie den nördlichen Brückenpfeiler mit einer langen Telebrennweite (mindestens 300 mm) genau vor die Skyline von San Francisco, besonders die Transamerica Pyramide, stellen. Auf den nächsten 1,5 km bringt Sie die Conzelman Road zum 280 m hohen Hawk Hill (3 km westlich der Brücke). Er ist a) weit genug im Westen gelegen, um den Blick auf die ganze Breite der Golden Gate Bridge freizugeben und b) auch noch hoch genug, um das Häusermeer der Stadt im Hintergrund sichtbar zu machen.

Die Ausblicke der Marin Headlands lohnen den Weg also ohne jede Frage, jedoch ist wohl nur die Battery Spencer nah genug an der

Hauptstraße gelegen, um per Pedes erreicht zu werden. Ein Auto vorausgesetzt können Sie die weiter westlich gelegenen Punkte beispielsweise sehr gut in den Nachmittag eines Tagesausflugs nach Sausalito einbauen

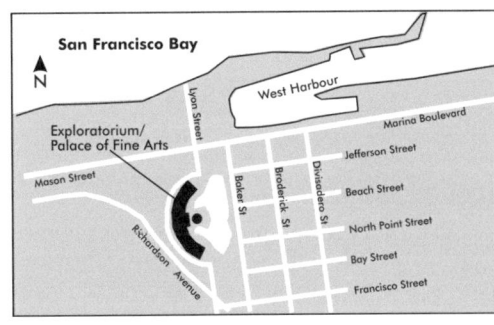

Motive in San Francisco - Zweite Runde:
Presidio, Palace of Fine Arts, Pacific Heights, Alamo Square

Das Presidio von San Francisco umfasst einen rund 600 ha großen Bereich rund um die Südseite der Golden Gate Bridge. Schon die Spanier stuften dieses Stück Land an der Meerenge als strategisch bedeutend ein und gründeten gegen 1776 die erste Bastion. Ihnen folgten die Mexikaner und die US-Amerikaner, die hier bis 1994 eine wichtige Nachschubbasis unterhielten. Heute unterstehen die mehr als 500 historischen Gebäude und Befestigungsanlagen dem Schutz des Golden Gate National Recreation Areas. Die Rt-101 führt von Ost nach West durch das Gelände und über den von ihr abzweigenden Lincoln Boulevard gelangen Sie ins Herz des Bezirks. Es gibt ein Besucherzentrum und Sie können durch die leeren Straßen vorbei an den einsamen Häusern wandern, die im gleichnamigen Film neben Sean Connery eine Hauptrolle innehatten. Photographisch

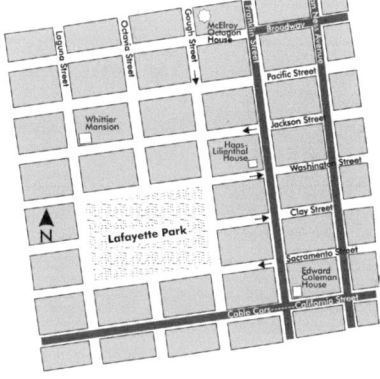

mindestens genauso ergiebig ist der Fußweg entlang den Pieranlagen und der Salzwassermarsch am Wasser zum Marina District (2,5 km von der Südseite der Golden Gate Bridge zum Palace of Fine Arts). Je weiter Sie hier nach Osten wandern, umso besser wird der Panoramablick zurück auf die ganze Breite des Golden Gate und die Brücke. Gegen Abend können Sie beides vor den orangenen Sonnenuntergang stellen.

Der Palace of Fine Arts markiert das östliche Ende des Presidios und ist einen kurzen Stop wert. Die neoklassizistische Anlage, eine Rotunde und mehrere bewusst unvollendet belassene Säulengänge, wurde eigens für die Weltausstellung 1915 errichtet und dient keinem anderen als dem Selbstzweck. Auf der Ostseite gibt es einen kleinen See, den Sie im feinen Vormittagslicht gut in den Vordergrund des Kuppelbaus stellen können. Gegen Abend wird die Rotunde beleuchtet.

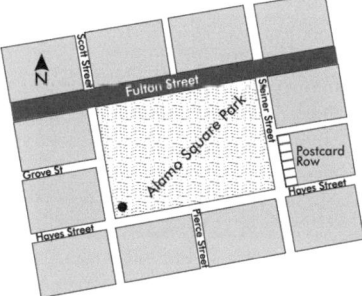

Echt falsch antik - Palace of fine Arts

Alamo Square und die berühmte Häuserzeile

Wunderwerke aus Holz: Viktorianische Architektur in Pacific Heights

Um nun wieder in belebtere Gefilde zu gelangen, besteigen Sie auf der nur einen Block entfernten Broderick Street einen Bus der Linie 30 (Fahrtrichtung Osten) der Sie zur Van Ness Avenue bringt. Dort steigen Sie in die Linie 47 (Fahrtrichtung Süden) um. Wenn die Haltestellen Jackson- oder Washington Street angekündigt werden, sind Sie nah genug am Pacific Heights District, um auszusteigen. In einem weiten Kreis um den Lafayette Park finden Sie hier die schönsten viktorianischen Häuser, für die San Francisco so berühmt ist. Auch dieses Gebiet liegt auf einer Anhöhe und bietet damit hervorragende Ausblicke über die Stadt. Die allermeisten Häuser befinden sich in Privatbesitz und nur das Haas-Lilienthal Haus (2007 Franklin Street) und das Octagon Haus (2645 Gough Street) können besichtigt werden. Photographisch sind diese Architekturszenen aufgrund der vielen oberirdischen Leitungen nicht ganz unproblematisch. Oft ist es daher sinniger Details, wie die farbigen Ornamente, die Kuppeln oder verspielten Türmchen mit einer leichten Telebrennweite auszusondern. Auch Blicke entlang einer ganzen Fassadenreihe mit Fokus auf die hervorspringenden Balkone sind reizvoll. Lichttechnisch ist dieser Stadtteil wenig sensibel, so dass Sie ihn unbesorgt zu jeder Tageszeit dazwischen schieben können.

Das war dann ein guter Vorgeschmack, aber noch nicht das Beste, was San Francisco in dieser Richtung zu bieten hat. - Die Postcard Row am Alamo Square vereint die alte Holzarchitektur noch viel geschickter mit den modernen Hochhäusern. Um die Tour dort fortzusetzen, planen Sie Ihren Rundgang durch Pacific Heights am zweckmäßigsten so, dass Sie wieder auf der Van Ness Avenue herauskommen und mit einem Bus der Linie 47 weiter nach Süden fahren können. Von der Market Street bringt Sie die Linie 21 dann nach Westen zur Ecke Hayes und Steiner Street am Alamo Square Park. Die sechs beinahe identischen viktorianischen Häuser der Postcard Row auf der Ostseite des Parks werden erst am späten Nachmittag von der Sonne aus dem Schatten geholt und konkurrieren dann ausgeglichen beleuchtet mit der Skyline im Hintergrund. Mit der einsetzenden Dunkelheit gehen in vielen Fenstern die Lichter an und schaffen die Voraussetzung für eine beinahe noch reizvollere Aufnahme. Die südwestliche Ecke des Alamo Square Parks ist ein sehr guter Aufnahmestandort, um diese Ansicht abzulichten.

Zwischenrunde: Skylines

An ihrer Skyline erkennt man eine Stadt, von wo aber sieht man die Silhouette am besten? Hawk Hill, Marin Headlands: Die Golden Gate Bridge vor der Stadt. Am späten Nachmittag grandios. Alamo Square: Die viktorianischen Holzhäuser der Postcard Row vor der modernen Hochhaus Silhouette. Schattenlos in Szene gesetzt von der tiefer stehenden Nachmittagssonne. Twin Peaks: Der beste Blick von Süden über die Stadt auf das Golden Gate. An einem klaren Tag zu jeder Uhrzeit den Weg wert.

Telegraph Hill: Am Abend sehr guter Blick auf den Financial District und den Westteil der Stadt um Lombard Street. Pier 7: Gute Position für eine morgendliche Übersicht aus Embarcadero Center und Transamerica Pyramide. Carnelian Room im Bank of America Building: (California and Montgomery Street) Spektakulärer Blick aus 232 m Höhe auf die nordöstlichen Stadtteile zwischen Transamerica Pyramide und Telegraph Hill. Am besten an einem wolkenlosen Tag kurz vor Sonnenuntergang.

San Francisco verknüpft Moderne und Tradition auf unnachahmliche Weise

Berkeley und der Blick nach Westen: Von Berkeley genießen Sie bei Sonnenauf- und -untergang einen wunderbaren Panoramablick über die Bay auf San Francisco, die Golden Gate Bridge und die Marin Headlands. Gute Standorte sind der hochgelegene Grizzly Peak Boulevard oberhalb des Campus der Berkeley Universität (via Highway 24 und Fish Ranch Road) und die Berkeley Marina für eine Ansicht aus Meereshöhe (via I-80 und Exit University Avenue oder mit der Fähre ab dem Ferry Building).

Die Transamerica Pyramide als höchstes, augenfälligstes und umstrittenstes Bauwerk der Stadt soll hier natürlich nicht zu kurz kommen. Das Gebäude erhebt sich am südlichen Ende der Columbus Avenue 256 m hoch über den Financial District. Gleich an der Ecke Kearny und Columbus können Sie den markanten grünen Turm des Columbus Tower kontrastierend vor die eckige Spitze stellen. Je weiter Sie nun der Columbus Avenue nach Norden folgen, um so besser bekommen Sie die Betonnadel in ganzer Länge und unverzerrt aufs Bild. Die Ecke Columbus Avenue und Broadway ist einer der besten Standorte dafür. Das Nachmittagslicht hält eine feine Balance zwischen den belebenden Schatten im Vordergrund und dem direkten Licht auf der Spitze. Die Ecke Powell- und California Street ist schön hoch gelegen, um den oberen Teil zu isolieren und auch noch einen Cable Car in den Vordergrund zu bekommen. Das letzte Abendlicht auf der Spitze der Transamerica Pyramide können Sie gut von den Querstraßen unterhalb des Coit Tower, zum Beispiel den Montgomery Steps (Montgomery- Ecke Green Street), einfangen. Nebenbei: Die fensterlose Spitze dient nur der Dekoration!

Motive in San Francisco - Dritte Runde:
Golden Gate Park, Haight-Asbury, The Mission, Twin Peaks

Braucht eine Stadt in der ständig frischer Seewind weht eine grüne Lunge? Nachdem Sie den Golden Gate Park gesehen haben, kann zumindest am ästhetischen Nutzen einer solchen eigentlich kein Zweifel mehr bestehen!

Wie ein langer Schlauch von 5 km Länge und 1 km Breite erstreckt sich der Park vom Ocean Beach im Westen über beinahe die halbe Länge der San Francisco-Halbinsel bis zum Haight-Ashbury District und bedeckt eine Fläche von 405 ha. Bis zum Beginn seiner Kultivierung im Jahr 1866 war das alles öde Dünenlandschaft und es brauchte eine Menge Zypressen und Pinien, um diesen Grund zu befestigen. Aber die Arbeit hat sich gelohnt, denn mit ihm besitzt San Francisco eine der schönsten städtischen Parkanlagen des Kontinents. Als ob das allein nicht genügen würde, können Sie sich die Zeit auch in drei Weltklasse-Museen und auf dutzenden verschiedenen Sportanlagen vertreiben. Das Fahrrad ist ein gutes Fortbewegungsmittel, um den Golden Gate Park in seiner ganzen Länge zu erforschen (Parkplätze sind sehr rar) und entlang der Stanyan Street an seiner Ostgrenze können Sie Räder mieten. Wenn Sie von hier aus hineinkommen, halten Sie sich am besten an den John F. Kennedy Drive. Schon nach wenigen hundert Metern erreichen Sie das 100 Jahre alte Conservatory of Flowers, ein großes, aber trotzdem elegantes viktorianisches Gewächshaus und sicher das meistphotographierte Objekt im Park. In seiner Umgebung finden Sie viele im Juli und August blühende Fuchsien. Der nächste Haltepunkt nach einem Drittel der Länge ist ein echter Knaller, denn hier finden Sie das M.H. de Young Museum für amerikanische Kunstgeschichte, das Asian Art Museum mit der größten Ausstellung asiatischer Kunst in der westlichen Welt und den bezaubernden Japanese Tea

Garden versammelt. Während die zuerst genannten Sehenswürdigkeiten Programm für einen kalten regnerischen Tag bieten, was ihre Qualität in keinem Fall schmälern soll, können Sie sich in dem feinen Tea Garden mit dem Makroobjektiv an einer ansehnlichen Auswahl japanischer Bonsais in klassischer Umgebung aus kleinen Teichen, Brücken und Buddha-Statuen austoben. Im April gibt's dazu noch die blü-

Das viktorianische Conservatory of Flowers

henden Kirschbäume. Am Vormittag haben Sie hier durchweg gutes Licht und Sie sollten so früh wie möglich kommen, da der Garten viele Besucher anzieht. Einen Steinwurf südlich von hier finden Sie den kleinen Stow Lake. Er beherbergt eine noch kleinere Insel und mit dem Huntington Fall auch einen niedrigen Wasserfall. Vorbei an der ausgedehnten Speedway Meadow und dem Spreckels Lake erreichen Sie die Buffalo Enclosure. Seit 1894 wird hier eine Herde der zu Wildwest Zeiten beinahe ausgerotteten Bisons gehalten. Eine Telebrennweite verhilft Ihnen zu ganz passablen Porträts der grasenden Tiere. Am Ende des John F. Kennedy Drives finden Sie eine große

Asiatische Kultur überall: Japanese Tea Garden

Windmühle und, ganz stilecht, einen im April blühenden Tulpengarten. Damit haben Sie Ocean Beach am Pazifik, den größten Strand der Stadt erreicht. Das Cliff House auf dem Felsvorsprung im Norden ist eine hervorragende Raststätte an dem Sie gut und gern auch den Sonnenuntergang abwarten können.

Sie erreichen den Golden Gate Park problemlos ab dem Besucherzentrum an der Market Street mit der Buslinie No 5, die die ganze

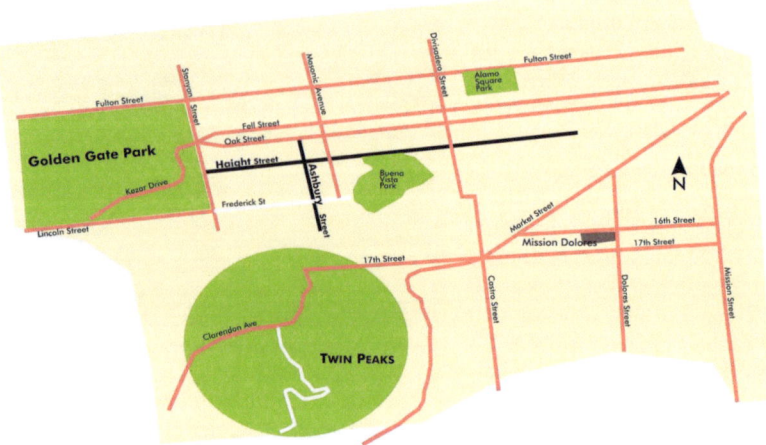

Es lebe Diego Riviera: Mural an der 22. Straße

Länge der Fulton Street entlang seiner Nordseite befährt. Vor allem am Morgen und Nachmittag kann die Parklandschaft oft in Nebel gehüllt sein, was vor allem den Motiven im Japanese Tea Garden durchaus gut bekommt. Wenn Sie Wert auf Sonnenschein legen, sollten Sie aber in der Mittagszeit kommen, wenn sich die Schleier verzogen haben. Die verschiedenen Blumenarten blühen sukzessive zwischen Mai und August.

Die Gegend um die Kreuzung von Haight- und Ashbury Street gab einem ganzen Stadtteil seinen Namen und steht synonym für die Hippie- und Flower Power Bewegung der 1960er Jahre. Der Summer of Love dauerte zwar nur ein Jahr, erschütterte die US-Gesellschaft aber so stark, dass seine Auswirkungen noch immer spürbar sind. Heute hat sich die Gegend zwischen dem Golden Gate Park im Norden und dem Buena Vista Park im

Die Twin Peaks schauen auf das Stadtzentrum

Südosten wieder in ein recht normales Wohngebiet verwandelt - die vornehmlich viktorianischen Häuschen stehen hoch im Kurs. Nur entlang den acht westlichsten Blöcken der Haight Street bewahren einige Cafés und Souvenirshops die kräftigen Farben der psychedelischen Wandmalereien und den alten Gemeinschaftsgeist von damals für die wenigen verbliebenen Althippies und die Überzahl der Touristen.

Vom leicht erhöht liegenden Buena Vista Park schauen Sie über die lange Magistrale der Market Street auf die südöstlichen Stadtteile. Hier ist vor allem das quirlige Zentrum der Hispanic Community zwischen der alten spanischen Missionsstation (Mission Dolores, offiziell Mission San Francisco de Asis, 16. Straße Ecke Dolores Street) aus dem Jahr 1782 und der Mission Street einen Abstecher wert. An der 21. und 24. Straße können Sie zudem einige der schönsten Murals, farbenprächtige Wandgemälde auf öffentlichen und privaten Fassaden bewundern. Und in der Liberty Street und der South Van Ness Avenue finden Sie die bemerkenswerten Painted Ladies, feine viktorianische Häuser aus dem Ende des 19. Jahrhunderts mit auffallend farbstarken Fassaden. - Gut daß die vielen Farben bei Tageslicht am besten wirken, denn die Mission gilt am Abend als nicht wirklich sicher!

Nun sind Sie nicht mehr weit vom besten Aussichtspunkt der Gegend, den Twin Peaks, entfernt. Dies ist eigentlich ein Hügel mit zwei beinahe identischen Gipfeln, deren nördlicher aus 275 m Höhe geradewegs die Market Street entlang auf das Ferry Building am Embarcadero schaut. - Ein wirklich schöner 300-400 mm Teleschuss! Da der 360° Rundblick aber in jedem Fall zu weit für eine einzelne Weitwinkelaufnahme am anderen Ende des Brennweitenspektrums ist, bietet es sich an ihn in einer Reihe Einzelbilder festzuhalten, die Sie später zu einem Panorama zusammenmontieren können. Sie erreichen den Aussichtspunkt über die Market Street, den Portola Drive und den Twin Peaks Boulevard.

Vierte Runde: Angel Island

Der Besuch einer Stadt wäre nicht vollständig, wenn nicht auch vom Wasser aus gesehen hätte. Dies können Sie in San Francisco tun und dabei sogar noch eine weitere Sehenswürdigkeit mit einbeziehen: Alcatraz. Bis 1963 war dies das Hochsicherheitsgefängnis der USA. Gegründet wurde die Anlage auf der Insel im Jahre 1859 als militärische Befestigung, die ersten Gefangenen bezogen ihre Zellen im Jahr 1933, darunter so illustre Namen wie Al Capone, „Machinegun" Kelly oder der aus dem Film „Der Vogelmann" bekannte Robert Stroud. Heute sind die über Jahre hinweg verwahrlosten

Alcatraz - The Rock - Der berühmteste Knast der Welt

Überreste des Golden Gate National Recreation Area angegliedert. Die Tour führt Sie durch den Hauptzellenblock, vorbei am ältesten noch betriebenen Leuchtturm der Westküste zum äußeren Gefängnishof auf der Nordseite der Insel. Planen Sie Ihren Besuch am besten für die letzte Überfahrt des Tages, um in den dunklen Zellengängen noch natürliche Beleuchtung zu haben (ein Blitz kann höchstens eine einzelne Zelle erhellen) und andererseits vor der Rückfahrt die Skyline San Franciscos´ schon im flacheren Nachmittagslicht aufnehmen zu können. Der Agave Trail auf der Südostseite der Insel bietet die besten Ausblicke auf das gegenüberliegende Stadtzentrum. Sie erreichen die Insel zwischen 8:40 und 15:50 Uhr mit Alcatraz city cruises vom Pier 33. Die Touren dauern in der Regel 3 Std. Während der Sommermonate sollten Sie den Trip, wenn irgend möglich, ein bis zwei Tage in Voraus reservieren, um in der langen Schlange am Schalter nicht leer auszugehen. Von Donnerstag bis Sonntag werden auch spezielle Abendtouren zu „The Rock" veranstaltet (2,5 Std., die Abfahrtszeiten wechseln je nach Jahreszeit). Da sie den Sonnenuntergang mit einschließen, bieten sie

Angel Island schaut auf die Skyline der Metropole

naturgemäß die allerbesten Photomöglichkeiten für Skylineshots. Eine weitere Ausflugsmöglichkeit mit dem Boot ist Angel Island. Das Eiland liegt, von der Marin Halbinsel vor den kalten Winden des Golden Gate geschützt, gegenüber von Sausalito in der San Francisco Bay und ist in Gänze als State Park geschützt. Sie können Fahrräder mieten, es gibt Wanderwege entlang dem Ufer und hinauf zum 238 m hohen Mt Caroline Livermore sowie Badestrände und Picknickplätze. Auch Campen können Sie hier, um das nur knapp 4 km entfernt im Süden liegende San Francisco bei Nacht zu bewundern. - Ein Vergnügen, dass Sie garantiert mit nur wenigen Besuchern teilen müssen!

Point Lobos State Reserve

„Ich werde dieses wunderbare Fleckchen Erde nie müde, und ich könnte es auch nie vergessen, ganz gleich, wohin ich von hier aus gehe. ... Ich beschloss, zum ersten Mal seit Monaten mit Zypressen zu arbeiten: Die Sonne auf ihren verwitterten Stämmen enthüllt jede winzige Linie, ätzt Schwarz auf eine Oberfläche, die glänzt wie Elfenbein. - Es ist schwieriger, die Details einer Zypresse zu isolieren, als mit Felsen zu arbeiten."

Edward Weston, *My Camera on Point Lobos*

- 300 000 Besucher jährlich
- Hauptbesuchszeit sind die Ferienmonate im Sommer

Wie, Wo, Was

Bevor ich das erste Mal hierher kam, kannte ich Point Lobos nur von Edward Westons Photographien. Von Bildern, die etwas Essenzielles sowohl über die Welt als auch über uns abbilden. Die Existenz dieser Prinzipien war unbewusst und ein wenig verschwommen, aber sehr machtvoll. In meiner Vorstellung war das ein mythischer Ort im klassischen Sinn.

Die Moderne schreibt dem Wort Mythos etwas zu, das nach „Phantasie" oder „Fabel" klingt. In seiner klassischen Bestimmung hat der Begriff dagegen eine tiefere Bedeutung. Er ist im griechischen Musteion verankert und meint etwas, wie „Augen oder Mund zu schließen". In diesem Sinn wurzelt der Mythos in einer Erfahrung der Dunkelheit und Stille. In etwas, das im Zentrum

Monterey-Zypressen-Botschafter durch Zeit und Raum

unserer Seele liegt. Mythen loten diese innere Tiefe aus und berichten uns in Metaphern und Symbolen von etwas, das für uns selbst von grundlegender Bedeutung ist: Von bleibenden, wesentlichen und universellen Gesetzmäßigkeiten, von Dingen, die wahrhaftig sind und uns mit den wesentlichsten Facetten unseres Selbst verbinden. Sie zu erfahren bedarf es mehr als den Gebrauch des bewussten Verstandes und der Logik.

Westons Bilder sind solche Metaphern. In der Fähigkeit sie zu sehen und für uns festzuhalten, lag die ganz besondere Fähigkeit dieses

Mannes. Und Point Lobos ist voll von solchen Sinnbildern. Die Stämme, Äste und Wurzeln der Zypressen, die groben und feinen Formen der Felsen, die Muster des Kelps, die Gestalten der anbrandenden Wellen, sie alle sprechen auf den ersten Blick von Wind, Regen, Kälte und Hitze. Von Naturmächten, denen wir uns nicht aussetzen und die wir so nur unvollkommen erfahren. Auf den zweiten Blick offenbaren sie jedoch eine alles verbindende Symmetrie und Ordnung und, obwohl für sich allein genommen manchmal erschreckend, in ihrer Gesamtheit die Gewissheit, gut aufgehoben zu sein.

In dieser Hinsicht können wir der Natur dankbar sein, dass sie uns die wilde Küste der Point Lobos Halbinsel geschenkt hat. Die Spanier nannten die Gegend Punta de los Lobos Marinos oder „Cap der Seewölfe" – wir nennen Sie nicht Wölfe sondern Seelöwen und die sind hier noch immer vertreten. Hier stoßen wir auf die felsige Küste, die unberechenbare Brandung, die Buchten mit klarem, türkisfarbenem Wasser, die steilen schroffen Klippen und die vom Wind in die unmöglichsten Formen gepeitschten knorrigen Monterey-Zypressen, die uns das Wort „großartig" als einzig angemessenes erscheinen lassen. - Vergessen Sie den durchkommerzialisierten und überlaufenen 17-Mile Drive™ im Westteil der Monterey Halbinsel – Point Lobos bietet Ihnen dieselben Motive in ruhiger und unverfälschter Umgebung.

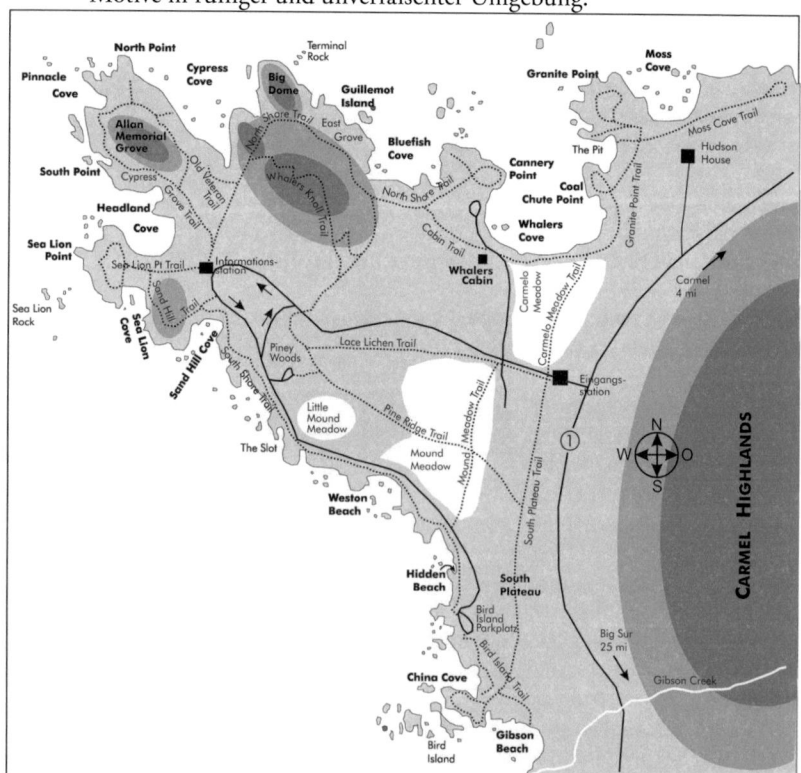

Der Park sollte bei seiner Einrichtung 1933 zunächst vor allem die einzigartigen Stände der Monterey-Pinien und Monterey-Zypresen schützen. 1960 wurde er um die Gezeitenzone und das erste Unterwasser-Naturschutzgebiet der USA erweitert. Was uns anspricht, sind vor allem der verschiedenfarbige Granit (schwarz, braun, beige, beinahe weiß)

Die Brandung sorgt für immer neue Bilder in den Felsen

und die seltenen Monterey-Zypressen vor der Kulisse der spektakulären Brandung. Dazu bei klarem Wetter schöne Ausblicke auf die Carmel-Bay. An den Stränden finden sich in den Steinen und im Treibgut nach einiger Zeit der Betrachtung viele schöne Stilleben. Dazu gesellt sich eine artenreiche Fauna, zu deren herausragendsten Vertretern die niedlichen kalifornischen Seeotter, die zwischen Dezember und May vorbeiziehenden Grauwale und die mächtigen kalifornischen Seelöwen zählen.

Die Sommertage sind angenehm warm, sonnig und trocken, zwischen Juli und September muss des öfteren mit Nebel gerechnet werden. Die Wintermonate bringen zwar gelegentlich Regen, aber viel weniger Nebel als die übrigen Monate. Das flache Licht der niedrigstehenden Sonne erlaubt es, die vielen Motive des Schutzgebietes den ganzen Tag über zu bearbeiten. Im Frühjahr breiten sich auf den Wiesen farbige Wildblumen aus.

Wegweiser

Point Lobos liegt 4 mi südlich von Carmel direkt an der Rt-1. Das Reserve ist täglich von 08:00 Uhr bis ½ Std. nach Sonnenuntergang geöffnet (diese Zeit hängt am Eingang aus), um den heimischen Tieren ungestörte Zeit zum Fressen zu geben. Die Informationsstation ist zwischen 09:00 und 17:00 Uhr besetzt. Die Maximalzahl der Besucher in dem kleinen Schutzgebiet ist begrenzt. Planen Sie also vorsichtshalber Wartezeit ein, denn falls diese Zahl schon erreicht sein sollte, müssen Sie am Eingang warten („one-vehicle out, one-vehicle in"). An Wochenenden, Feiertagen und in den Ferien bildet sich schon ab 08:15 Uhr eine Schlange am Eingang. Besucher mit Fahrzeugen müssen eine Gebühr entrichten. Fußgänger, die ihren fahrbaren Untersatz an der Rt-1 geparkt haben, dürfen kostenlos eintreten. Fahrzeuge länger als 21 ft dürfen nicht hinein. Es gibt neun ausgewiesene Parkplätze, wenige Meilen asphaltierte Straße und 15 mi ausgewiesene Wanderwege. Innerhalb des Schutzgebiets gibt es außer Picknickplätzen, Toiletten und Wasserstellen keinerlei Versorgungsmöglichkeiten. Diese,

Die enge Cypress Cove ist eins der besten Motive

sowie Hotels und Campingplätze, finden Sie im nahegelegenen Carmel und im nur wenig weiter entfernten Monterey.

Geographische Orientierung und die photogensten Tageszeiten

Point Lobos ist nach Westen zum Ozean hin orientiert und damit als Vordergrund für die niedrigstehende Nachmittags- und Abendsonne prädestiniert. Das ist gut so, denn aufgrund der späten Einlasszeit von 08:00 Uhr und den mehr als 1200 m hohen Carmel Highlands im Osten, die die Morgensonne lange abschatten, können Sie den Sonnenaufgang hier ohnehin an keinem Tag im Jahr nutzen (siehe Sonnendaten). Selbst für den Sonnenuntergang ist der Zeitrahmen knapp bemessen, da Sie, wie beschrieben, ½ Std. nach Sonnenuntergang draußen sein müssen.

Photographische Besonderheiten

Aufgrund der vielfältigen Motivwelten sollten Sie Ihr ganzes Arsenal mit nach Point Lobos bringen: Kurze Brennweiten bis hinunter zum 18er für die Landschaftsphotographie. Lange Brennweiten bis zum 400er (oder noch länger, wenn vorhanden) für Tieraufnahmen. Ein 50er Makro oder entsprechendes Zubehör für Nahaufnahmen und Stilleben. Diese können bei zu harten Lichtverhältnissen auch von einem faltbaren Reflektor oder einem Aufhellblitz profitieren. Ein Polarisationsfilter hilft, die Reflexionen auf der Wasseroberfläche zu mindern.

Der Sonnenuntergang sorgt für das beste weiche Licht

Motive im Innern der Halbinsel

Whalers Knoll überragt die Halbinsel und gewährt einen guten Panoramablick. Zu Wahlfängerzeiten war auf diesem Hügel ein Ausguck postiert. Drei Wege führen zum Whalers Knoll, einer von der Eingangsstation und zwei vom North Shore Trail. Der Erstgenannte ist der Längste und misst gerade einmal 800 m bei einem Höhenunterschied von 54 m. Die Kiefern hier im Innern sind mit einer markanten graugrünen Flechte behangen, die an Spanisches Moss erinnert, aber in Wirklichkeit eine Mischung aus Pilz und Alge ist. Der Lace Lichen Trail führt durch einen dichten Stand solcher Kiefern. Im Frühjahr (Mitte April bis in den Mai hinein) sind die Wiesen

China Cove - fast karibisch farbig

mit farbigen Wildblumen bestanden. California Poppy, Shooting Star und Indian Paintbrush sind die auffälligsten.

Motive an der Nordküste

Die Nordküste ist felsig, zerklüftet und hoch gelegen, die Buchten dort sind jedoch ruhig und schimmern oft in einem beeindruckenden Türkis. Dies ist eine Umgebung, die die Seeotter bevorzugen, denn sie verbringen fast ihr ganzes Leben im Wasser und fressen und schlafen auch in diesem ihrem Element. Mit einem Fernglas können Sie die dunklen kleinen „Baumstämme" zwischen dem Kelp ausmachen – das sind schlafende Otter. Und wenn es still ist, können Sie häufig jenes ping-ping-ping hören, das entsteht, wenn die Tiere auf dem Rücken im Wasser treibend eine Muschel gegen einen Stein schlagen, den sie auf ihrem Bauch balancieren, um sie zu öffnen. Moss Cove und Whalers Cove sind gute Plätze, um die putzigen Gesellen zu beobachten und zu photographieren. Da diese Gegend recht hoch gelegen ist, brauchen Sie eine lange Telebrennweite im Bereich von 400 mm, um formatfüllende Porträts zu machen. Nutzen

Sie diese Gelegenheit, denn heute kommen die Seeotter nur noch zu einigen hundert Exemplaren entlang dem 230 mi langen Küstenstreifen zwischen Ano Nuevo im Norden und Pismo Beach im Süden vor. Hier in Point Lobos können Sie sie das ganze Jahr über aufnehmen.

Vom Coal Chute Point aus können Sie den leicht verwitterten Holzbau der Whalers Cabin mit einer

Farbiges Stilleben in einem Gezeitenpool

Telebrennweite über Whalers Cove hinweg aufnehmen. Ein gutes Motiv, das die Küstenlinie, einen Teil der Geschichte des Gebiets und die dichte grüne Vegetation des Inlands vereint. Whalers Cabin wurde gegen 1850 von chinesischen Fischern erbaut und beherbergt heute Museum. Von dort aus können Sie häufig auch Seelöwen und Otter beobachten und photographieren. Granite Point, etwas weiter am Granite Point Trail gelegen, überblickt Whalers Cove ebenfalls, jedoch ist die Entfernung größer, so dass Sie mehr Vordergrund einbeziehen können. Vom höchsten Punkt des Granite Point Trails aus sehen Sie über den Sandstrand der Carmel Bay bis nach Pebble Beach.

Ein Seitenweg des North Shore Trails führt zu einem Aussichtspunkt mit Blick auf Guillemot Island. Im Frühjahr und Sommer können Sie von

dort aus die auf der Insel nistenden Möwen und Kormorane beobachten.

Kurz bevor der North Shore Trail den Cypress Grove Trail kreuzt, führt ein weiterer Abzweig (Old Veteran Trail) zu einem Punkt, von dem aus Sie eine ganz besondere Zypresse aufnehmen können: Old Veteran Cypress besitzt eine mächtige Krone und einen extrem knorrigen Stamm. Sie klammert sich in eine Felswand über

Formen- und Motivvielfalt in Point Lobos

Cypress Cove. Vom Ende des Wegs drängt sich eine Komposition mit einer kurzen Telebrennweite, die die Gischt der Wasserlinie gerade noch im Bild hält, geradezu auf.

An der Nordspitze findet sich mit dem wunderbaren Allan Memorial Grove einer von zwei natürlich vorkommenden Monterey-Zypressen Hainen. Der Cypress Grove Trail umrundet ihn und gibt immer wieder Blicke auf die hier besonders spektakuläre Brandung zwischen den Granitfelsen frei. Viele Zypressen hier sind mit einer rotorange gefärbten Alge bewachsen, die in schönem Kontrast zum Grün der Bäume steht. Die Seeseits am weitesten vorgeschobenen Exemplare sind die photogensten. Ihre Wurzeln krallen sich in den blanken Fels, so dass man sich fragt, ob die salzige Gischt wirklich ihre einzige Überlebensgrundlage ist.

Motive an der Südküste

Die Südküste ist flach mit Sandstränden und Gezeitenpools. Dies ist eine Umgebung, in der Sie nach feinen Stilleben am Boden Ausschau halten sollten: angespültes Holz, kleine glatt geschliffene Steine, Kelpblätter und die großen gasgefüllten Schwimmkörper dieses Seetangs, Seegras und die verschiedensten Muscheln. Dies sind Motive für das weiche

Licht eines bedeckten oder leicht nebligen Tages. Unter diesen Bedingungen kommen die Details und Farben am besten zur Geltung. Das direkte, harte Mittagslicht sorgt dagegen für zu große Kontraste.

Benutzen Sie so oft es geht die Äste der Zypressen und Kiefern, um die Bilder zu rahmen und ihnen so stärkere Tiefenwirkung zu verleihen.

Gute Locations, um die grauen Robben (sie tummeln sich das ganze Jahr an dieser Küste) und die Seelöwen (ihre umfangreichste Ansammlung findet sich regelmäßig in den zwei Wochen Mitte April ein) aufzunehmen, sind die Sea Lion Rocks (dort brauchen Sie aufgrund der Entfernung mindestens 400 mm Brennweite) und Sea Lion Cove (hier gelangen Sie über den Sand Hill Trail relativ nah an die Tiere heran). Dies ist ebenfalls ein hervorragender Standort für eine Aufnahme, die die herausragenden Merkmale dieser Landschaft mit einem starken Weitwinkel zu vereinen: die Küstenlinie mit der weichen Brandung und die Höhenzüge der Carmel Highlands im Süden.

Entlang des South Shore Trails gibt es einige Stellen, an denen der Weg nicht durch Markierungen, die nicht übertreten werden sollten, quasi „eingezäunt" ist. Dort können Sie sich frei in den Felsen bewegen. Dabei ist in jedem Fall Vorsicht geboten, denn das Gestein ist häufig rutschig und die anbrandenden Wellen sind unkalkulierbar!

Der Bird Island Trail führt vom Bird Island Parkplatz aus zu einem Aussichtspunkt mit gutem Blick auf Bird Island. Dabei passiert er mit China Cove und Gibson Beach zwei wunder-

Wanderwege in Point Lobos

Moss Cove Trail
Vom Granite Point zur nordöstl. Grenze und zurück, 1 km, 30 min

Granite Point Trail
Von Whalers Cabin zum Granite Point und zurück, 2,1 km, 60 min

Carmelo Meadow Trail
Von der Eingangsstation zum Granite Point Trail, 1,6 km, 15 min

North Shore Trail
Von Whalers Cove zum Sea Lion Point, 2,2 km, 40 min

Whalers Knoll Trail
Vom North Shore Trail zum Whalers Knoll, 0,8 km, 25 min

Sea Lion Point Trail
Vom Sea Lion Parkplatz zum Sea Lion Pt. und zurück, 1 km, 30 min

South Shore Trail
Vom Sea Lion Point zum Bird Island Parkplatz, 1,6 km, 40 min

Bird Island Trail
Vom Bird Island Parkplatz zum Bird Island Pt. und zurück, 1,3 km, 30 min

Lace Lichen Trail
Von der Eingangsstation zum Pine Ridge Trail, 0,8 km, 10 min

Pine Ridge Trail
Vom Little Mound Meadow Parkplatz zum South Plateau Trail, 1,1 km, 20 min

South Plateau Trail
Von der Eingangsstation zum Bird Island Trail, 1,1 km, 25 min

bar-weiße Sandstrände. Beide sind über lange Treppen zugänglich. China Cove zählt zu den Höhepunkten dieses Gebiets, denn das Wasser dieser Bucht glitzert jadegrün und die Felswände sind mit hängenden Gärten verziert. Am Pelican Point passiert der Trail saisonal wechselnde Wildblumenstände.

An vielen Stellen im Point Lobos Reserve begegnen Ihnen die auffälligen dreiblättrigen Büschel des sogenannten Poison Oak. Halten Sie sich davon fern, denn das für den Glanz der Blätter verantwortliche Öl sorgt für einen unangenehm juckenden Hautausschlag, der lange anhält. Lange Hosen sind eine gute Idee, um sich vor dem Hautkontakt zu schützen. Da das Gewächs auch in vielfältigen anderen Formen vorkommt, informieren Sie sich am besten bei den Rangern über seine Erscheinungsweisen.

Minimalprogramm und Tagesablauf

Einen kurzen Überblick über die Zypressen im Allan Memorial Grove und die besonders schöne China Cove können Sie sich in gut 2 Std. verschaffen, vorzugsweise am Nachmittag. Einen ganzen Tag nutzen Sie am besten aus, wenn Sie den Vormittag an der Nordküste verbringen und dort den Granite Point Trail und den North Shore Trail begehen. Die Mittagszeit und den frühen Nachmittag sollten Sie dann der Südküste und dem Sea Lions Point sowie dem South Shore Trail und besonders Chna Cove widmen, ehe Sie sich mit der niedrig im Westen stehenden Sonne dem North Point, dem Cypress Grove Trail und dem Allan Memorial Grove zuwenden.

Expose To The Right - ETTR

Silberfilme sind so abgestimmt, dass sie die Lichter und Schatten im Knie- und Schulterbereich der Charakteristik-Kurve komprimieren. Diese weicht dort ja vom 45° Winkel im Mittelteil ab. Hellere- und dunklere Bildbereiche werden also schrittweise komprimiert, bis der Film in die totale Unter- oder Überbelichtung übergeht. Halbleiter-Chips, die uns in den Digitalkameras als Bildträger dienen, arbeiten aber anders. Wenn sie vom Licht getroffen werden, baut sich entweder eine Ladung auf oder nicht. Dies Verhalten ist ziemlich linear bis zum Sättigungspunkt, an dem die Umsetzung von Licht in elektrische Ladung abrupt stoppt. Folglich verzeiht die digitale Technik Unter- oder Überbelichtung nicht so wie die Analoge. In diesem Unterschied liegt der Grund dafür, dass die Belichtungsbestimmung anhand einer Graukarte im Digitalbereich zu nicht optimalen Ergebnissen führt. Besser ist es die Belichtung so abzustimmen, dass die hellsten Bildstellen im Histogramm so weit wie möglich nach rechts wandern, bis sie gerade eben noch nicht abgeschnitten werden. Helligkeit und Kontrast regeln Sie später im RAW-Konverter richtig ein. Auf diese Weise nutzen Sie die zur Verfügung stehenden Tonwertstufen nahezu vollständig aus und erhalten sich bei der Nachbearbeitung mehr Möglichkeiten, die Schatten aufzuhellen, ohne sie sichtbar auseinanderzuziehen (posterization).

Big Sur

● Schätzungen zu Folge wird Big Sur von rund 6 Millionen Menschen pro Jahr besucht

„ ... Ich habe meine Arbeit wieder aufgenommen! - und zwar in der aufregendsten Umgebung, - dem Big Sur. ... Die Küste war großartig: bergige Klippen, die weit in den Ozean ragten, sicher verankert für die Ewigkeit: gegen die aufgehende Sonne, ihre schwarze Festigkeit akzentuiert durch aufsteigenden Nebel und sonnenbeschienenes Wasser. ... Meine Wüstenfelsen waren viel einfacher zu bearbeiten und ebenso erstaunlich, wenn nicht sogar noch erstaunlicher. Sie waren physisch greifbar, ich konnte bis zu ihrer Basis gehen und sie berühren. In Big Sur hatte man es mit Dingen zu tun, die Hunderte von Metern oder viele Meilen entfernt waren. Der Weg dorthin wird mit der Zeit kommen, um diese Verbindung von Meer und Fels zu sehen..."

Edward Weston, *Daybooks March 2nd, 1929*

Wie, Wo, Was

Westons Zitat drückt wohl am besten aus, worum es hier in Big Sur geht: Um Natur, deren Maßstab sich dem Menschen entzieht und die sich ihm deshalb verweigert. Zu mächtig ist sie, einhaltgebietend, für uns nicht zu fassen. Nur in der Zeit sagt Weston, können wir diese Verbindung von Fels und Ozean begreifen. Ein flüchtiger Blick genügt, um jene Verweigerung physisch zu erfassen: Der beeindruckende Höhenzug der Santa Lucia Mountains rückt so weit an den Ozean heran, dass zwischen den beiden Elementen weder Weg noch Steg für uns zerbrechliche Geschöpfe bleibt. Es scheint, als hätten sich die Kräfte gegen uns verschworen, als wollten sie hier ein Geheimnis für immer bewahren. Demut ist angesichts dessen das einzig angebrachte Gefühl, denn ohne Hilfsmittel, auf uns allein gestellt, sind wir hier verloren.

Demut, mindestens aber Respekt, haben die Menschen diesem Landstrich schon immer entgegengebracht. El Sur Grande, „der weite Süden", so nannten schon die Spanier die unzugängliche Gegend südlich von Monterey. Kaum einen Fußbreit Raum gewährte sie der Erkundung. Selbst die hartgesottenen Holzfäller drangen erst gegen Ende des 19. Jahrhunderts auf der Suche nach potenten Redwoods hierher vor

Wilde Küste-Fast kein Raum für Menschen

und gründeten die ersten Siedlungen. Aus dieser Zeit dürfte der heute übliche Begriff Big Sur stammen. Mit dem Lückenschluss des Highway No 1 in den 1920er Jahren fand die Gegend langsam Anschluss an den Rest Kaliforniens und zog bald eine bunte Mischung aus Künstlern und Schriftstellern an. - Echte Avantgardisten, denen die Abgeschiedenheit schon früh Inspiration war. Dies Gefühl hat sich bis heute erhalten, auch oder vielleicht gerade, weil Big Sur sich bislang standhaft weigerte in den Reigen der National Parks aufzusteigen.

Wegweiser

Big Sur ist also kein Ort oder abgegrenztes Schutzgebiet im Sinne eines State- oder National Parks. Es ist die Bezeichnung des Küstenstrichs zwischen Point Lobos und San Simeon. Für unsere Zwecke hier wollen wir Big Sur als den den Bereich zwischen der Bixby Bridge im Norden und Ragged Point im Süden definieren. Dies sind gut 90 Highwaymeilen. Der Highway No 1 (auch Cabrillo Highway) ist die einzige Verbindung für den modernen Verkehr. Zu Fuß könnte man dagegen auf die vielen Wanderwege in den Santa Lucia Mountains ausweichen.

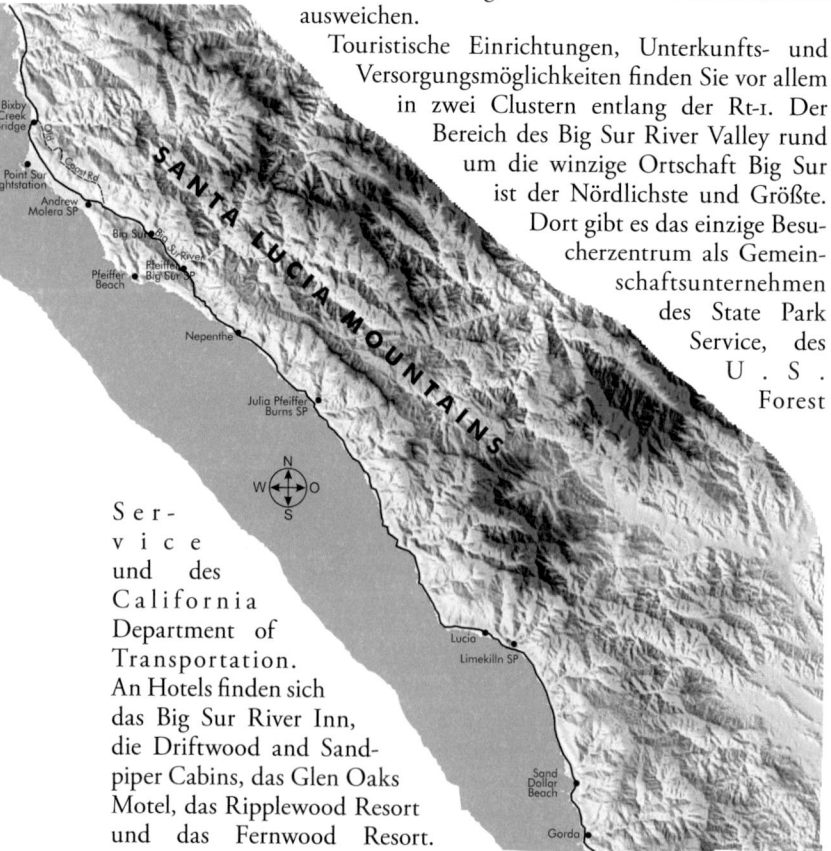

Touristische Einrichtungen, Unterkunfts- und Versorgungsmöglichkeiten finden Sie vor allem in zwei Clustern entlang der Rt-1. Der Bereich des Big Sur River Valley rund um die winzige Ortschaft Big Sur ist der Nördlichste und Größte. Dort gibt es das einzige Besucherzentrum als Gemeinschaftsunternehmen des State Park Service, des U.S. Forest Service und des California Department of Transportation. An Hotels finden sich das Big Sur River Inn, die Driftwood and Sandpiper Cabins, das Glen Oaks Motel, das Ripplewood Resort und das Fernwood Resort.

Camper kommen auf dem Big Sur Campground oder im Fernwood Resort unter. Darüber hinaus gibt es ein paar Restaurants. Dinge des täglichen Bedarfs können Sie im Big Sur River Inn General Store erwerben. Die Gegend um das Reastaurant Nepenthe, ein wenig weiter südlich, ist die zweite derartige Ansammlung mit Hotels wie dem Feast for the Senses Vacation Retreat,

Leichter Nebel taucht Big Sur in mystisches Licht

dem Post Ranch Inn, dem Ventana Inn & Spa (beseitzt auch einen Campingplatz) oder Deetjen's Big Sur Inn. Darüber hinaus bieten folgende State Parks nennenswerte touristische Einrichtungen: Andrew Molera SP (Campingplatz, First come – First served), Pfeiffer Big Sur SP (Campingplatz, auch Stellplätze für Wohnmobile), Julia Pfeiffer Burns SP (Campingplatz, keine Wohnmobile), Limekilln SP (Campingplatz, auch Stellplätze für Wohnmobile), Plaskett Creek Campground im Los Padres National Forest (Campingplatz, auch Stellplätze für Wohnmobile). Die Möglichkeiten sind also begrenzt und wenn Sie einen längeren Aufenthalt in Big Sur planen, sollten Sie Ihre Unterkunftsmöglichkeit vorbestellen.

Geographische Orientierung und die photogensten Tageszeiten

Big Sur ist ein Landstrich für die zweite Tageshälfte, denn die Küstenlinie wird von den hohen Bergzügen auf der Ostseite lange von der Morgensonne abgeschattet, ist aber durch den Ozean im Westen frei für das warme Licht der niedrigstehenden Nachmittagssonne. Zudem liegt vor allem in den Sommermonaten bis mindestens in die Mittagszeit gern dichter Nebel über der Landschaft, der, wenngleich er die Kliffs auch optisch trennt, weite Landschaftsaufnahmen unmöglich macht. Den Vormittag sollten Sie daher abseits der Küste im Hinterland verbringen, wo unter diesen Bedingungen schöne Detailstudien auf Ihr Makroobjektiv warten.

Motive am Highway No 1

Die 80 m hohe und 218 m lange Bixby Creek Bridge (früher auch bekannt als Bixby's Bridge, Mill Creek Bridge oder Rainbow Bridge) 21 mi südlich von Carmel ist ein der Wahrzeichen von Big Sur. Sie wurde 1932 eröffnet und gewährte dem Autoverkehr erstmalig Zugang zu diesem wilden Landstrich. Zuvor mussten die Reisenden weite Umwege durchs Hinterland in Kauf nehmen, so dass die 30 mi Rundfahrt zwischen Mon-

Die Bixby Creek Bridge

Küste südlich des Bixby Creek

Ein aktiv gestalteter Vordergrund sorgt für mehr Tiefe

terey und dem Big Sur River Valley ganze drei Tage dauerte.

Nahe der Brücke führt der Highway No 1 fast auf Meeresspiegelniveau entlang und bietet gute Möglichkeiten die nahe dem Ufer aus dem Wasser ragenden Felsnasen schön nah in den Vordergrund zu setzen. Unmittelbar vor dem Nordende der Brücke zweigt eine Schotterstraße nach Osten ab. Wenn Sie ihr die erste Anhöhe hinauf folgen, können Sie die Brücke in einer schönen Ansicht vor den Ozean stellen. Die Parkbuchten an beiden Enden gestatten es die mächtigen Stützpfeiler und den weiten Betonspann der Konstruktion mittels einer ordentlich kurzen Weitwinkelbrennweite dramatisch nah mit ins Bild einzubeziehen. Der an Sommertagen häufige Nebel ist dann hier ein Geschenk, denn er verleiht der scheinbar aus dem Nichts kommenden Brücke eine mystische Anmutung. Eine gute Meile südlich der Brücke folgt jener Turnout, der das klassische Bild der in der Entfernung liegenden Brücke und der steilen, zerklüfteten Küstenlandschaft davor bereithält. 50 mm Brennweite und eine nicht zu tiefliegende Horizontlinie verhelfen diesen markanten Elementen zur richtigen Wirkung.

Mit einem halben Tag Zeit können Sie die eingangs genannte Schotterpiste (Old Coast Road) weiter durch fahren. Sie bringt Sie weg von der Küste in das dicht bewaldete Hinterland und erreicht die Rt-1 wieder auf Höhe des Andrew Molera SP. So lernen Sie auch diese andere Seite von Big Sur kennen. Allerdings brauchen Sie ein Fahrzeug mit großer Bodenfreiheit und/oder Vierradantrieb, um sie zu bewältigen.

Point Sur Lighthouse liegt auf einem 110 m hohen vulkanischen Felsen unmittelbar vor der Küste. Der Leuchtturm wurde 1889 in Betrieb genom-

men und dient dem Schiffs-
verkehr bis heute als Navigati-
onshilfe entlang der in diesem
Bereich nicht ungefährlichen
kalifornischen Küste. Mitt-
wochs und an Wochenenden
kann das Gelände des Point
Sur Lightstation State Historic
Park auf dreistündigen geführ-
ten Touren erkundet werden.

Da die Küstenlinie an dieser
Stelle eine weit vorgeschobene
Nase bildet, können Sie den
Turm auf seinem Felsrücken
von vielen Stellen am High-

Die großen Brocken vor den Stränden bilden eine schöne
Kulisse für jeden halbwegs klaren Sonnenuntergang

way No 1 nördlich und südlich in eine gute Gesamtansicht stellen. Noch
besser aber ist der Blick von dort zurück in beide Richtungen in dem Sie
die mal schroffe, mal in Sandstränden auslaufende Küste vor die alles

überragenden Santa Lucia
Mountains stellen können.
Dazu gibt es nicht oft Gelegenheit. Wenn Sie besonders
ambitioniert sind, können Sie
den Leuchtturm zu einem ganz
besonderen Bild verarbeiten:
Suchen Sie sich vor Einbruch
der Dunkelheit eine Aufnahmeposition, von der aus Sie
die Küstenlinie, die Brandung
und – besonders wichtig – das
Leuchtfeuer im Sucher haben.
Damit das Licht im Bild nicht

Sand Dollar Beach - Der beste für den Sonnenuntergang

zu klein ausfällt, sollte die Brennweite 80 mm nicht unterschreiten. Dann
warten Sie bis die Sonne untergegangen ist, die Konturen aber noch deut-

lich sichtbar vor dem hoffentlich nebelfreien dunkelblauen
Himmel stehen. Ermitteln Sie
die Belichtung und regeln sie
durch Abblenden und eventu-
elle Zuhilfenahme eines Grau-
filters (-2 LW o.ä.) bis auf mindestens 8 Minuten hinunter.
Verschließen Sie den Sucher
und lösen Sie per Drahtauslö-
ser oder Selbstauslöser aus, um
Vibrationen zu vermeiden. Die
Kamera steht natürlich sicher

Wunderbar - McWay Cove und der Wasserfall

Blick vom Nepenthe nach Süden

auf dem Stativ. Auf diese Weise schaffen Sie ein Bild, das die Brandung durch die lange Belichtungszeit als zart weiß verlaufenden Schleier und das Leuchtfeuer dank der kleinen Blende als deutlich sichtbar gezackten Stern zeigt. Damit er nicht hoffnungslos überbelichtet wird, decken Sie das Objektiv nach der halben Belichtungszeit kurz mit der Hand ab, wenn er auf seinem Umlauf im Bild erscheint.

Nachdem Sie Point Sur Lighthouse passiert haben, schwenkt die Rt-1 in einem leichten Bogen weg von der Küste und erreicht 21 mi südlich von Carmel den Andrew Molera State Park. Dies ist das größte Schutzgebiet in Big Sur. Der Park ist von einer halben Stunde vor Sonnenaufgang bis eine halbe Stunde nach Sonnenuntergang geöffnet und bietet mehr als 30 km ausgewiesene Wanderwege in einer ansonsten wenig erschlossenen Umgebung. Deshalb bekommen Sie hier einen guten Eindruck des Big Sur Ökosystems, das die Küste mit ihren Lagunen und Sandstränden, die in den Santa Lucia Mountains entspringenden Flüsse, weite Wiesen und Eichenwälder umfasst. Zwei Wege sind besonders zu empfehlen. Der Ridge Trail führt als steiler Pfad die bis zu 300 m hohen Anhöhen hinauf, von wo Sie spektakuläre Ansichten der Küste genießen können. Von dort oben haben Sie die besten Möglichkeiten, um Panoramen der Küste und des Hinterlands im Licht der niedrigstehenden Nachmittagssonne aufzunehmen. Wenn Sie für Big Sur nur wenig Zeit haben, sollten Sie sie hier verbringen. Eine Trailkombination bringt Sie über den Beach Trail entlang der Südseite des Big Sur River an die Küste und zu Big Surs längstem Strand. Dort schließt der Headlands Trail an. Er führt durch einen Eukalyptus Hain zu einem hochgelegenen Aussichtspunkt mit Blick auf den Big Sur River und einen Sandstrand. Dies ist eine sehr gute Location für den Sonnenuntergang. Zurück zum Parkplatz können Sie den Creamery Meadow Trail nehmen, der in einem Bogen weiter entfernt vom Fluss das Binnenland durchstreift.

Hinter dem Andrew Molera SP mündet der Big Sur River in den Pazifik. Flussaufwärts, im Landesinneren, fließt er durch ein langgestrecktes Tal, das nach ihm benannt ist. Mittendrin liegt mit Big Sur die einzige größere Häuseransammlung in diesem Bereich, die man als so etwas wie eine Ortschaft bezeichnen darf. Ansonsten gibt es hier nur weit verstreut liegende Ranches.

Im Pfeiffer Big Sur State Park (26 mi südlich von Carmel) zieht sich der Big Sur River durch ein 3 km2 großes Gebiet von Redwoods, Ahorne und Platanen. Auch dieser Park ist von einer halben Stunde vor Sonnenaufgang bis eine halbe Stunde nach Sonnenuntergang geöffnet. Es gibt einen kleinen Laden für Dinge des täglichen Bedarfs und ähnliche Annehmlichkeiten. Campsites können und sollten auf reserveamerica. com reserviert werden. Vor allem während der Sommermonate hat man hier, obwohl 5 mi vom Ozean entfernt, sonst keine Chance unterzukommen und muss eventuell dutzende Meilen weiter nach Süden ausweichen. Auch die exklusive Big Sur Lodge liegt hier im State Park, der damit die perfekte Ausgangsbasis ist, um Big Sur zu erkunden. Im Park selbst sind die 12 m tief in eine kleine Grotte stürzenden Pfeiffer Falls einer der Hauptanziehungspunkte. Man erreicht sie über den Pfeiffer Falls Trail und den Valley View Trail, zusammen 3,2 km lang mit einem Höhenunterschied von 60 m. Der Weg führt unter stattlichen Redwoods hindurch und entlang dem Pfeiffer-Redwood Creek. Am Ende erreichen Sie eine Aussichtsplattform am Fuß des Wasserfalls, der nach ordentlichen Regenfällen am ansehnlichsten ist, weil der ihn speisende Bach nur ein kleines Einzugsgebiet hat. Die Monate zwischen Dezember und Mai sind daher die besten. Aufgrund seiner Ausrichtung nach Westen braucht dies Motiv das Licht der Nachmittagssone zur angemessenen Beleuchtung. Ein leichtes Weitwinkel ist die Optik der Wahl, um den Wasserfall samt seiner Umgebung abzubilden. Auf dem Rückweg über den Valley View Trail passieren Sie einen höhergelegenen Aussichtspunkt, der über das Big Sur River Valley auf die Küste schaut. Dies ist ein Aufnahmestandort für den späten Nachmittag, wenn die niedrigstehende Sonne die Landschaft in warmes goldenes Licht taucht. So passt er gut als Anschluss an die Pfeiffer Falls.

In der Umgebung des Big Sur River können Sie in den Wintermonaten zwischen November und März Gruppen der nach Süden ziehenden Monarch-Schmetterlinge aufnehmen. Bei Temperaturen unter 13° C können sie nicht mehr fliegen und sammeln sich, großen Klumpen gleich, an Bäumen, um sich mit ausgebreiteten Flügeln gegenseitig Wärme zu spenden. Da sie oft in einigen Metern Höhe hängen, brauchen Sie mindestens 200 mm Brennweite und einen starken Blitz, um zu formatfüllenden Porträts zu kommen.

Eine Meile südlich des State Park Eingangs gelangen Sie über die versteckte Sycamore Canyon Road (die 2. Seitenstraße auf der rechten Seite in Fahrtrichtung Süden) zum Pfeiffer Beach, einem der Juwelen der Gegend. Geben Sie gut acht, denn es gibt zwar ein Straßenschild, aber keinen Hinweis auf den Strand. Die Straße ist eng und steil und sollte nicht mit großen Wohnmobilen

Leichter Nebel kann durchaus reizvolle Motive befördern

befahren werden. Das letzte Stück führt als Fußweg durch einen Hain voll wunderbar vom Wind verformter Monterey Zypressen. Der Strand ist zwischen 09:00 und 20:00 Uhr zugänglich und man muss eine Eintrittsgebühr entrichten, die die landschaftliche Schönheit aber leicht wett macht. Der Strand bildet ein feinsandiges Halbrund zwischen sanften Hügeln im Norden und Süden, wenige Meter weiter draußen im Wasser stehen mächtige Felszinnen, an denen sich die hereinkommenden Wellen brechen. Mit einer langen Brennweite und ordentlich schneller Serienbildfunktion können Sie Sequenzen der wirbelnden Gischt aufnehmen und haben so bestimmt einige gute Einzelbilder. Einer der Monolithen, Arch Rock, besitzt eine natürliche Öffnung, in der Sie die untergehende Sonne rahmen können. Orientieren Sie die Belichtung dazu an einem Stück Himmel neben der Sonne, damit die richtige Silhouettenwirkung eintritt. Das Südende der kleinen Bucht ist besonders felsig und bietet so die optimale Kulisse für den Sonnenuntergang. Nach heftigen Regenfällen kann der dort mündende Pfeiffer Creek allerdings so viel Wasser führen das Sie ihn durchwaten müssen.

Der in Big Sur häufige Ortsname „Pfeiffer" geht auf Michael und Barbara Pfeiffer zurück, die 1869 als frühe europäische Siedler an diesen Küstenstreifen kamen.

Das Nepenthe ist seit 1949 eine Institution an dieser Küste. Fast 300 m hoch auf einem vorspringenden Kliff gelegen bietet dies Restaurant/ Café/Kunstgewerbeladen einen spektakulären Rundumblick auf die Küstenlinie. Die Terrasse ist vor allem vormittags und nachmittags ein wunderbarer Ort zum Entspannen, Schauen und Photographieren.
Auf den Meilen zwischen dem Nepenthe und dem Julia Pfeiffer Burns State Park bieten sich von vielen Parkbuchten entlang der Straße spektakuläre Ausblicke auf die Reihe der weit vorspringenden Kliffs der Santa Lucia Mountains. Zur Mittagszeit ragen sie geisterhaft aus den oft auftretenden flachen Nebelbänken und machen sich gut als hintereinander gestufte Silhouetten. Am späten Nachmittag und zum Sonnenuntergang leuchten sie im kräftigen Rot der niedrig stehenden Sonne und geben einen perfekten Hintergrund für die mit langer Belichtungszeit eingefangenen Bewegungen des Ozeans ab.
Der Julia Pfeiffer Burns State Park liegt 37 mi südlich von Carmel direkt am Highway 1. Auch er ist von einer halben Stunde vor Sonnenaufgang bis eine halbe Stunde nach Sonnenuntergang geöffnet und bietet einige einfache Campsites, Toiletten, Wanderwege und Picknickplätze. Auch hier können Sie durch Redwood- und Eichenhaine hunderte Meter hoch in die Berge wandern. Hauptattraktion aber ist der wunderschöne 25 m hohe McWay Cove Waterfall, einer der wenigen Wasserfälle, die direkt in den Ozean münden. Sie erreichen ihn über den gleichnamigen Wanderweg ab dem Parkplatz des SPs. Dies ist ein leichter, nur etwas mehr als 1 km langer Weg, der zunächst durch einen Tunnel unter dem Highway und dann entlang dem mit Eukalyptus bestandenen McWay

Creek zu einem erhöht über McWay Cove gelegenen Aussichtspunkt führt. Von dort schauen Sie direkt hinunter auf den halbkreisförmigen, von Felskliffs auf der Nord- und Südseite gerahmten, kleinen Sandstrand. An seinem Südende sprudelt der Wasserfall zwischen den Felsen hervor. Bei Ebbe ergießt er sich auf den Strand und dies ist das perfekte Bild, wenn die

Pfeiffer Beach und Hole in the Rock

Sonne gegen 17:00 Uhr tief am Westhimmel steht und die Szene in goldenes Licht taucht. Erkundigen Sie sich vorher bei den Rangern nach den Gezeiten oder konsultieren Sie die kostenlos ausliegende Zeitung El Sur Grande. Um den Wasserfall formatfüllend abzubilden, brauchen Sie eine Telebrennweite von mindestens 120 mm. Die Gesamtansicht verlangt nach einem 24er Weitwinkel. Beziehen Sie etwas von dem am Trail wachsenden Schilf mit ins Bild ein, um ihm zu größerer Tiefenwirkung zu verhelfen. An einem bedeckten oder nebligen Tag lohnt es sich, dem Trail weiter bis in den dichten Redwoodstand hinein zu folgen. Dann sind die Bedingungen gut, um dem McWay Creek mit

langer Belichtungszeit ein paar Bewegungsstudien abzuringen. Der Park ist darüber hinaus ein sehr guter Standort, um die vorbeiziehenden Grauwale zu beobachten. Im Dezember und Januar ziehen sie nach Süden zu ihren Winterquartieren vor der Baja California, im März und April passieren sie diese Gegend erneut auf dem Weg zu ihren sommerlichen Futtergründen im Nordpazifik. Dabei kommen sie der Küste hier besonders nah (bis auf 1 km) und ab und zu schwimmt sogar mal einer der mächtigen Säuger in die Bucht. Der Overlook Trail führt zu einem gut gelegenen Aussichtspunkt, von dem aus Sie diese Schauspiele mit langer Brennweite einfangen können.

Nur 0,2 mi hinter der Einfahrt zum Julia Pfeiffer Burns SP gibt's in Fahrtrichtung Süden auf der rechten Seite eine kleine Parkbucht (die zweite) mit wirklich gutem Blick entlang der Küstenlinie, den vorspringenden Kliffs und den markanten Felsen direkt vor

Die Kaskade der Pfeiffer Falls

der Küste (in Fahrtrichtung Norden in Höhe des Hinweisschildes „SP 1/4 mi"). Nahe dem Südende des als Big Sur bezeichneten Küstenabschnitts bei Ragged Point findet sich 55 mi südlich von Carmel mit dem Sand Dollar Beach noch ein Highlight. Dies ist Big Surs längster und schönster Sandstrand, geformt wie ein perfekter Halbmond mit markanten Felszinnen vor dem Ufer, die sich als Vordergrund für den Sonnenuntergang geradezu aufdrängen. Sand Dollar Beach ist ein sogenanntes Day Use Area und von 09:00-20:00 Uhr geöffnet. Man muss eine Eintrittsgebühr entrichten. In unmittelbarer Nähe befindet sich mit dem Plaskett Creek Campground eine Möglichkeit, um an diesem Küstenabschnitt mit dem Zelt oder Wohnmobil zu nächtigen.

Minimalprogramm und Tagesablauf

Mindestens einen Nachmittag sollten Sie in einem der State Parks entlang der Route 1 verbringen, um Big Sur im besten Licht zu erwischen. Das lässt sich am leichtesten einrichten, wenn Sie die Strecke von Süd nach Nord befahren und Carmel oder Monterey Ihr Etappenziel ist. Andersherum werden Sie wenig Freude daran haben, im Dunkeln viel weiter als bis San Luis Obispo zu fahren. Mit mehr Zeit ist es naheliegend, sich im Big Sur River Valley einzuquartieren und von dort aus an einem Tag im Hinterland und an mindestens einem weiteren die Küste zu erkunden.

Schutzland oder Nutzland?!

National Parks und National Forste grenzen an vielen Stellen eng aneinander und sie zu unterscheiden ist oft gar nicht so einfach. Dabei gibt es durchaus fundamentale Unterschiede zwischen beiden. Die National Parks arbeiten im Spannungsfeld zwischen der Bewahrung unberührter Landschaften oder kultureller Denkmäler und der Bereitstellung von Erholungsmöglichkeiten für die Bevölkerung. Wie schmal dieser Grat zwischen Schutz auf der einen und Zugang auf der anderen Seite ist, zeigt sich in den besonders stark frequentierten Parks wie Grand Canyon oder Yosemite sehr deutlich. Löschen oder nicht löschen war darüberhinaus eine Frage und Ausgangspunkt einer Diskussion, die die großen Waldbrände der vergangenen Jahre entfacht haben. Durch Blitzschlag ausgelöste Brände sind eine ganz natürliche Sache, die dazu beiträgt, die Wälder jung zu halten, für manche Arten sind sie maßgebend für die Fortpflanzung. Was aber, wenn sie weite Teile des Yellowstone National Parks verheeren? Darf man korrigierend eingreifen oder muß man der Natur ihren Lauf lassen? In solchen Fragen hat es der National Forest Service leichter. Er arbeitet unter der Maßgabe der „mehrfachen Nutzung der Ressourcen zum Wohle der amerikanischen Menschen". Der Schutz und die ökologische Qualitätssicherung dienen hier in erster Linie der fortgesetzten wirtschaftlichen Nutzung des Landes zum Holzeinschlag, als Weideland, zur Jagd und zur Erholung. Beide Behörden weisen aber auch wilderness areas aus, die, von jeder kommerziellen Nutzung freigehalten, die Landschaft in ihrer ursprünglichen Form erhalten sollen.

Anhang

Klimadaten Death Valley NP/CA - Furnace Creek

	J	F	M	A	M	J	J	A	S	O	N	D
Ø Höchsttemperatur °C	18,2	22,6	26,4	31,1	36,6	42,2	45,7	44,5	40,2	33,1	24,2	17,6
Ø Temperatur °C	10,9	15,1	19,2	23,8	29,3	34,7	38,2	37,1	32,2	24,8	16,6	10,4
Ø Niedrigsttemperatur °C	3,6	7,6	11,9	16,5	21,9	27,2	30,7	29,7	24,1	16,5	9,0	3,2
Ø Niederschlag mm	8,2	12,3	8,7	3,7	2,1	1,0	3,2	2,8	4,2	2,8	5,6	4,3

Klimadaten Bishop, Owens Valley/CA

	J	F	M	A	M	J	J	A	S	O	N	D
Ø Höchsttemperatur °C	11,9	14,7	17,4	21,7	27,0	32,5	36,2	34,9	30.4	24,6	16,8	12,1
Ø Temperatur °C	3,2	5,7	8,2	11,8	16,7	21,6	24,8	23,6	19,8	13,8	7,3	3,2
Ø Niedrigsttemperatur °C	-5,5	-3,1	-1,0	2,0	6,5	10,6	13,3	12,3	8,2	3,0	-2,3	-5,7
Ø Niederschlag mm	25,7	24,9	11,9	7,7	7,2	3,3	4,3	3,1	5,4	5,8	14,3	23,0
Ø Schneefall mm	104	38	20,3	7,6	2,5	0	0	0	0	0	7,6	33

Klimadaten White Mountains - Bristlecone Pine Forest

	J	F	M	A	M	J	J	A	S	O	N	D
Ø Höchsttemperatur °C	0,2	0,3	1	4	8,8	15	19	18	14,6	9,9	4,8	1,5
Ø Niedrigsttemperatur °C	-13,3	-12,9	-12,3	-9,4	-4,6	0,3	2,8	2,4	-1,1	-5,1	-9,3	-12,4
Ø Niederschlag mm	38	35	31	29	31	15	31	27	20	15	23	37
Ø Schneefall mm	376	242	378	355	333	68	7,6	5,1	10,1	114	221	391

Klimadaten Lee Vining/CA-Mono Lake

	J	F	M	A	M	J	J	A	S	O	N	D
Ø Höchsttemperatur °C	4,7	7	10,2	14,7	19,7	24,8	28,8	28,1	24,3	18,6	11	5,6
Ø Niedrigsttemperatur °C	-6,8	-5,7	-3,9	-1,3	2,5	6,2	9,7	9,4	5,9	1,4	-2,6	-5,6
Ø Niederschlag mm	55,6	55,3	35,3	17	14,7	8,9	14,5	11,7	16,2	16,5	49,8	58,9
Ø Schneefall mm	394	371	284	79	10	0	0	0	0	20	193	3,5

Klimadaten Bodie Ghost Town

	J	F	M	A	M	J	J	A	S	O	N	D
Ø Höchsttemperatur °C	3,9	4,5	6,1	9,6	15,3	20,8	24,8	24,3	20,5	15,2	8,5	4,2
Ø Niedrigsttemperatur °C	-14,6	-13,6	-11,2	-7,8	-4	-0,6	1,7	0,6	-2,9	-6,9	-10,5	-14,1
Ø Niederschlag mm	50,5	42,4	36,8	24,4	18,5	17	19,8	15	13,5	15,5	32	39,3
Ø Schneefall mm	521	416	389	193	96	30,5	0	2,5	25,4	81,3	256	462

Klimadaten Tahoe City, Lake Tahoe/CA

	J	F	M	A	M	J	J	A	S	O	N	D
Ø Höchsttemperatur °C	4,4	5,3	6,6	10,2	15,3	20,4	25,2	24,7	20,6	15,1	8,3	4,9
Ø Temperatur °C	-1,2	-0,5	0,8	3,6	7,9	12,3	16,1	15,8	12,3	7,6	2,5	-0,6
Ø Niedrigsttemperatur °C	-6,9	-6,3	-4,9	-2,8	0,4	4,1	7,0	7,0	4,0	0,2	-3,2	-6,2
Ø Niederschlag mm	153,7	131,3	113,7	50,7	29,6	18,7	7,6	8,9	16,6	53,1	95,8	131,0
Ø Schneefall mm	1161	640	891	401	94	5	0	0	7,6	63	396	886

Klimadaten Sequoia- Kings Canyon NPs, niedrige Lage, Foothils, ca. 1000 m

	J	F	M	A	M	J	J	A	S	O	N	D
Ø Höchsttemperatur °C	14.9	17.8	19.8	23.8	29.0	34.1	37.5	36.7	33.3	27.7	19.4	14.6
Ø Temperatur °C	8.1	10.5	12.2	15.2	19.7	24.3	27.7	27.1	23.7	18.5	12.0	8.0
Ø Niedrigsttemperatur °C	1.3	3.2	4.7	6.7	10.3	14.6	17.9	17.4	14.1	9.3	4.6	1.3
Ø Niederschlag mm	111.3	92.5	119.3	53.0	21.5	7.9	3.0	2.1	17.3	31.4	70.4	80.8
Ø Schneefall mm	10,1	2,5	5	0	0	0	0	0	0	0	0	0

Klimadaten Sequoia - Kings Canyon NPs, mittlere Lagen, Grant Grove 2011 m

	J	F	M	A	M	J	J	A	S	O	N	D
Ø Höchsttemperatur °C	6,5	6,6	6,6	9,2	13,7	19,4	23,8	23,2	19,8	15,1	9,4	6,7
Ø Temperatur °C	1,6	1,7	1,6	4,0	8,2	13,4	17,3	16,8	13,7	9,5	4,5	2,0
Ø Niedrigsttemperatur °C	-3,2	-3,2	-3,2	-1,1	2,6	7,3	10,7	10,3	7,6	4,0	-0,3	-2,8
Ø Niederschlag mm	199,9	186,7	189,8	105	36,4	9,1	2,2	2,4	25,4	41,5	122,4	164,7
Ø Schneefall mm	871	929	1041	617	132	10	0	0	5	63,5	363	691

Klimadaten Yosemite NP - Yosemite Valley

	J	F	M	A	M	J	J	A	S	O	N	D
Ø Höchsttemperatur °C	9,2	12,6	14,7	18,3	22,7	27,6	32,1	32,2	29,0	23,3	14,4	8,8
Ø Temperatur °C	2,9	5,3	7,0	10,1	14,0	18,3	22,0	21,8	18,6	13,1	6,8	2,7
Ø Niedrigsttemperatur °C	-3,3	-2,0	-0,7	1,7	5,3	9,0	11,9	11,4	8,4	3,8	-0,7	-3,3
Niederschlag mm	156,7	154,5	132,0	81,4	38,0	15,1	9,3	4,5	17,0	41,6	105,8	168,9
Schneefall mm	411,5	373,4	317,5	134,6	5	0	0	0	0	5	91,4	322,6

Klimadaten Yosemite NP - Tioga Road/Ellery Lake

	J	F	M	A	M	J	J	A	S	O	N	D
Ø Höchsttemperatur °C	1,8	2,0	4,4	6,8	10,1	14,6	19,8	19,5	15,6	10,2	5,5	2,7
Ø Niedrigsttemperatur °C	-11,8	-11,8	-10	-7,2	-3,4	0,8	5,6	5,2	1,6	-2,3	-6,7	-9,8
Niederschlag mm	107,4	100,8	79,7	46	27,7	18	19	17	18,3	34	71,3	97,5
Schneefall mm	960	1112	899	549	155	63,5	10	0	20	190	439	1039

Klimadaten San Francisco/CA,

	J	F	M	A	M	J	J	A	S	O	N	D
Ø Höchsttemperatur °C	13,5	15,5	16,0	16,7	17,0	17,8	18,1	18,6	20,3	20,3	17,0	13,5
Ø Temperatur °C	10,6	12,4	12,7	13,3	13,6	14,6	15,0	15,6	16,8	16,6	14,0	10,9
Ø Niedrigsttemperatur °C	7,6	9,2	9,4	9,8	10,2	11,4	11,9	12,5	13,2	12,8	10,8	8,3
Ø Niederschlag mm	111,9	77,4	77,9	34,2	10,1	4,0	0,6	1,7	6,6	28,3	72,8	90,8

Klimadaten Point Lobos SR, Big Sur

	J	F	M	A	M	J	J	A	S	O	N	D
Ø Höchsttemperatur °C	15,4	16,3	16,8	17,8	18,1	19,4	20	20,8	21,8	21	17,9	15,4
Ø Temperatur °C	10,8	11,7	12,1	13	13,6	14,8	15,6	16,3	16,8	15,7	13	10,8
Ø Niedrigsttemperatur °C	6,3	7	7,6	8,1	9,1	10,2	11,3	11,7	11,6	10,5	8,1	6,2
Ø Niederschlag (mm)	89.8	72.9	62.4	34.3	7.0	2.6	0.7	2.1	4.9	16.2	55.9	71.4
Anzahl klare Tage	7	9	11	13	17	21	25	24	22	19	12	9
teilweise bedeckte Tage	7	7	8	9	9	6	5	5	5	7	7	6
bedeckte Tage	17	12	12	8	5	2	1	1	2	5	11	16
% Sonnenschein	48	65	76	84	90	95	97	96	94	87	66	47

Anhang

Die Sonnenauf- und -untergangsdaten beziehen sich auf die Mountain Standard Time.
Während der Sommerzeit (Daylight Savings Time, erster Sonntag im April bis zum
letzten Sonntag im Oktober) müssen Sie eine Stunde addieren. Angegeben sind jeweils
oben die Daten für den 1. des Monats und unten für den 15. des Monats. Um die Zeit für
umliegende Orte näherungsweise zu bestimmen, müssen Sie, je nach dem ob sie weiter
im Westen oder Osten liegen, ein paar Minuten dazugeben bzw. abziehen.
Die Dämmerung beginnt rund 40 Minuten vor Sonnenaufgang und endet ebenfalls rund
40 Minuten nach Sonnenuntergang.

Sonnendaten Death Valley NP

	J	F	M	A	M	J	J	A	S	O	N	D
SA	07:05 07:04	06:55 06:42	06:25 06:06	05:42 05:23	05:04 04:51	04:42 04:41	04:45 04:53	05:05 05:16	05:29 05:39	05:51 06:03	06:18 06:32	06:47 06:58
SU	16:55 17:07	17:24 17:39	17:52 18:04	18:18 18:29	18:42 18:54	19:06 19:13	19:15 19:11	18:59 18:54	18:23 18:03	17:39 17:20	17:01 16:49	18:43 18:45

Sonnendaten White Mountains - Bristlecone Pine Forest

	J	F	M	A	M	J	J	A	S	O	N	D
SA	07:08 07:07	06:57 06:42	06:24 06:04	05:39 05:19	04:58 04:44	04:34 04:32	04:37 04:45	04:58 05:10	05:24 05:36	05:49 06:02	06:19 06:33	06:49 07:01
SU	16:57 17:00	17:18 17:34	17:48 18:01	18:17 18:29	18:44 18:56	19:09 19:16	19:18 19:14	19:01 18:45	18:22 18:01	17:36 17:16	16:55 16:42	16:36 16:37

Sonnendaten Mono Lake

	J	F	M	A	M	J	J	A	S	O	N	D
SA	07:07 07:06	06:57 06:43	06:26 06:06	05:42 05:22	05:03 04:50	04:40 04:39	04:43 04:51	05:04 05:15	05:28 05:39	05:51 06:03	06:19 06:33	06:49 07:00
SU	16:53 17:06	17:23 17:38	17:51 18:04	18:18 18:30	18:44 18:55	19:08 19:15	19:17 19:13	19:01 18:46	18:23 18:03	17:39 17:20	17:00 16:48	16:42 16:43

Sonnendaten South Lake Tahoe/CA

	J	F	M	A	M	J	J	A	S	O	N	D
SA	07:19 07:17	07:06 06:51	06:32 06:11	05:44 05:23	05:02 04:47	04:36 04:34	04:38 04:47	05:01 05:14	05:29 05:42	05:56 06:10	06:28 06:43	07:00 07:12
SU	16:49 17:02	17:22 17:38	17:53 18:07	18:24 18:37	18:53 19:06	19:20 19:27	19:29 19:24	19:11 18:54	18:30 18:08	17:42 17:21	16:59 16:46	16:38 16:39

Sonnendaten Sequoia- / Kings Canyon NPs

	J	F	M	A	M	J	J	A	S	O	N	D
SA	07:01 07:01	06:52 06:40	06:23 06:05	05:42 05:23	05:05 04:53	04:44 04:43	07:47 04:54	05:06 05:16	05:29 05:38	05:50 06:01	06:15 06:28	06:43 06:54
SU	16:56 17:09	17:25 17:39	17:51 18:03	18:16 18:27	18:39 15:50	19:02 19:09	19:11 19:07	18:56 18:42	18:21 18:01	17:39 17:20	17:01 16:51	16:45 16:47

Sonnendaten Yosemite Valley

	J	F	M	A	M	J	J	A	S	O	N	D
SA	07:11 07:10	07:00 06:46	06:29 06:09	05:44 05:24	05:04 04:51	04:41 04:39	04:43 04:51	05:04 05:16	05:30 05:41	05:54 06:06	06:22 06:37	06:52 07:04
SU	16:53 17:06	17:24 17:39	17:53 18:06	18:21 18:33	18:47 18:59	19:12 19:19	19:21 19:17	19:04 18:49	18:26 18:05	17:41 17:21	17:01 16:49	16:42 16:44

Sonnendaten San Francisco/CA, Point Lobos, Big Sur

	J	F	M	A	M	J	J	A	S	O	N	D
SA	07:25 07:24	07:13 06:59	06:41 06:20	05:55 05:35	05:14 05:00	04:49 04:47	04:52 05:00	05:14 05:26	05:40 05:52	06:06 06:18	06:35 06:50	07:07 07:18
SU	07:02 07:15	17:34 17:49	18:04 18:17	18:33 18:46	19:00 19:13	19:26 19:33	19:36 19:31	19:18 19:02	18:38 18:17	17:52 17:32	17:11 16:58	16:51 16:52

Vollmonddaten und (Neumonddaten)

	J	F	M	A	M	J	J	A	S	O	N	D
2024	25 (11)	24 (9)	25 (10)	23 (8)	23 (7)	21 (6)	21 (5)	19 (4)	17 (2)	17 (2)	15 (1) (30)	15 (30)
2025	13 (29)	12 (27)	13 (29)	12 (27)	12 (26)	11 (25)	10 (24)	9 (22)	7 (21)	6 (21)	5 (19)	4 (19)
2026	3 (18)	1 (17)	3 (18)	1 (17)	1+31 (16)	29 (14)	29 (14)	27 (12)	26 (10)	25 (10)	24 (8)	23 (8)
2027	22 (7)	20 (6)	22 (8)	20 (6)	20 (6)	18 (4)	18 (3)	17 (2) (31)	15 (29)	15 (29)	13 (27)	12 (27)
2028	11 (26)	10 (25)	10 (25)	9 (24)	8 (24)	6 (22)	6 (21)	5 (20)	3 (18)	3 (17)	2 (16)	1+31 (15)
2029	29 (14)	28 (13)	29 (14)	28 (13)	27 (13)	25 (11)	25 (11)	23 (9)	22 (8)	22 (7)	20 (5)	20 (5)
2030	19 (3)	17 (2)	19 (3)	17 (2)	17 (2) (31)	15 (30)	14 (30)	13 (28)	11 (27)	11 (26)	9 (24)	9 (24)
2031	8 (22)	7 (21)	8 (22)	7 (21)	6 (21)	5 (19)	4 (19)	2 (17)	1+30 (16)	30 (16)	28 (14)	28 (14)
2032	27 (12)	25 (10)	26 (11)	25 (9)	24 (9)	23 (7)	22 (7)	20 (5)	19 (4)	18 (4)	16 (2)	16 (2)
2033	15 (1) (30)	13 (0)	15 (1) (30)	14 (28)	14 (28)	12 (26)	12 (26)	10 (23)	8 (23)	8 (23)	6 (21)	5 (21)
2034	4 (20)	3 (18)	4 (20)	3 (18)	3 (17)	1 (16)	1+30 (15)	29 (13)	27 (12)	27 (12)	25 (10)	25 (10)

Kartenlegende

Die Karten dienen zur Veranschaulichung der Landschaftsformen.
Sie sind nicht dazu geeignet, sich vor Ort im Gelände zu orientieren.
Greifen Sie hierzu bitte auf maßstabsgerechte Karten zurück.

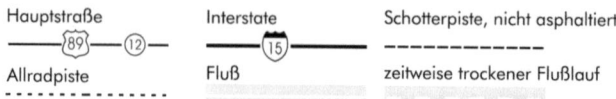

| Hauptstraße | Interstate | Schotterpiste, nicht asphaltiert |
| Allradpiste | Fluß | zeitweise trockener Flußlauf |

Phototechnik

Soweit Belichtungszeiten angegeben sind, gelten sie für eine Empfindlichkeit von 50 ISO.

Alle Brennweitenangaben beziehen sich auf das Kleinbildformat 24x36 mm.

Um die jeweils gemeinte Brennweite für die in der Regel kleineren digitalen Aufnahmeformate zu ermitteln, dividieren Sie die angegebene Brennweite durch den Ihrem Format entsprechenden Faktor:

APS-C (1,4), APS (1,5), 4/3″ (1,9), 2/3″ (3,9), 1/1,6″ (4,2), 1/1,7″ (4,6), 1/1,8″ (4,8), 1/2,3″ (5,6), 1/2,5″ (6,0), 1/2,7″ (6,5), 1/3,2″ (10,2)